Adolphe RETTÉ

AU PAYS DES LYS NOIRS

Souvenirs de Jeunesse et d'âge mûr

PARIS

PIERRE TÉQUI, LIBRAIRE-ÉDITEUR

82, RUE BONAPARTE, 82

1913

Librairie Pierre Téqui, 82, rue Bonaparte, Paris-VI·

OUVRAGES D'APOLOGÉTIQUE

Bois (P. des). *Réponses à des objections contre la Religion.* Un vol. in-12. 3º édition.................... 2 »

Fava (Mgr). *Résumé de la Religion.* Un vol. in 8º 2 »

Freppel (Mgr). *Œuvres polémiques.* Edition complète. 10 vol. in-12................ ... . 30 »
  Dans le tome Ier des Œuvres polémiques se trouve l'examen critique de la *Vie de Jésus* de Renan.

Gratry (R. P.). *Lettres sur la Religion.* In-12 ... 3 »

— *La Philosophie du Credo.* Un vol. in-12..... 3 »

— *Jésus-Christ. Réponse à Renan.* Un vol in-12. 1 »

— *La Morale et la Loi de l'Histoire.* Deux in-12. 7 »

— *Petit Manuel de Critique.* Un vol. in-18...... 1 50

— *De la Connaissance de Dieu.* Deux vol. in-12. 8 »

— *De la Connaissance de l'Ame.* Deux vol. in-12. 7 50

— *Étude sur la Sophistique.* Un vol. in-8º...... 5 »

G. A. *Histoires et historiettes de curés.* In-12..... 3 »

Hugon (R. P.). *Hors de l'Église point de salut.* Un vol. in-12.......... .... 3 50

— *La Causalité instrumentale en théologie.* Un vol. in-12......... .... 2 »

Lacombe (Cte de) *Sur la divinité de Notre-Seigneur Jésus-Christ.* Un vol. in-8º.................. 5 »

Meignan (C^{al}). *Les Évangiles et la critique au XIXe siècle.* Un vol. in-8º....... ... . 5 »

— *Le Monde et l'Homme primitif selon la Bible.* Un vol. in-8º..................................... 5 »

Montalembert (Cte de). *L'Église libre dans l'État libre.* Un vol. in-8º..................... 2 50

Newman (C^{al}). *Histoires de mes opinions religieuses.* Un vol. in-12......... ... . 3 50

Oger (Abbé). *L'Évangile et l'Évolution.* In-12... 0 50

Au Pays des Lys noirs

DU MÊME AUTEUR

Du diable a Dieu, histoire d'une conversion, préface de
François Coppée, 32e édition.

Le règne de la Bête, roman catholique, 11e édition.

Un séjour a Lourdes, journal d'un pèlerinage à pied ;
impressions d'un brancardier, 16e édition.

Sous l'étoile du Matin, étude de psychologie et de
mystique, 7e édition.

Dans la lumière d'Ars, quinze jours chez le Bienheureux Vianney, une retraite à Notre-Dame d'Hautecombe, 6e édition.

Notes sur la psychologie de la conversion, une brochure, 10e mille.

Les miracles de Lourdes, une brochure, 15e mille.

En préparation :

L'esprit souffle ou il veut, récits de conversions.

La conquête de la femme, roman catholique.

Adolphe RETTÉ

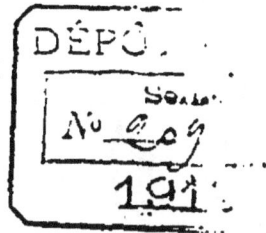

AU PAYS DES LYS NOIRS

Souvenirs de Jeunesse et d'âge mûr

PARIS

PIERRE TÉQUI, LIBRAIRE-ÉDITEUR

82, RUE BONAPARTE, 82

—

1913

PRÉFACE

Ce livre, qui englobe des souvenirs d'un quart de siècle, a été composé d'une façon assez inattendue. Le premier chapitre en fut écrit, il y a près d'un an, au monastère d'Hautecombe où, comme le raconte mon précédent volume : Dans la lumière d'Ars, je faisais une retraite de six semaines. C'était alors un article qu'une revue publia et auquel je ne songeais pas à donner une suite.

Mais quand il eut paru, plusieurs personnes me dirent ou m'écrivirent qu'il y aurait intérêt à en corroborer la signification par d'autres études sur les milieux occultistes, politiques et littéraires où me conduisirent les péripéties d'une existence passablement mouvementée.

A la réflexion, le projet me plut d'autant qu'il me permettait d'esquisser quelques as-

pects d'une société troublée où la plupart de
nos contemporains font l'effet d'un troupeau
sans berger, piétinant au hasard parmi des
ruines, fuyant le bercail que leur ouvre
l'Eglise, broutant avec avidité les euphorbes
et les aconits de l'individualisme ou de l'humanitairerie.

J'ai donc peint quelques-uns des prototy-
pes de ces aberrations. J'ai montré des révolutionnaires à l'œuvre soit comme théoriciens, soit comme émeutiers, soit comme assassins. J'ai dénoncé les efforts de la Gnose
pour fausser le sentiment religieux dans
maintes âmes en désarroi. J'ai analysé le désordre et la corruption du goût produits par
l'invasion des Juifs de Pologne et d'Allemagne dans notre littérature. J'ai exposé certains méfaits résultant du triomphe de la démocratie, par exemple, le fonctionnement
malpropre de cette néfaste mécanique : le suffrage universel. J'ai constaté l'avortement
de cette chimère : l'instruction versée sans
tact ni mesure dans des cervelles qui n'é-
taient point faites pour se l'assimiler. J'ai
rappelé l'aventure boulangiste et cet engoue-
ment du pays pour un médiocre en qui l'instinct d'éliminer les poisons du parlementarisme nous conduisit à chercher un sauveur.

J'aurais pu tirer de tout cela un copieux

volume de doctrine. J'ai préféré multiplier les croquis des troubles auxquels j'assistai, les profils des personnages qui les suscitèrent ou y prirent part, les anecdotes caractéristiques. J'ai fait en somme du reportage rétrospectif.

On voudra donc bien trouver ici une modeste contribution à l'histoire de la société française telle que l'intoxiquèrent les principes de la Révolution.

Une idée, qui ne fait que se fortifier dans mon esprit à mesure que j'avance en âge et en expérience, donne de l'unité à mon livre. Celle-ci : pour se bien porter, la France doit être catholique et monarchiste.

Je l'ai déjà formulée ailleurs ; je la développerai encore si Dieu me prête vie.

Ce que je veux ajouter maintenant c'est que la plus grande partie des pages qu'on va lire, je les ai conçues dans la solitude et le silence, au cours de longues promenades à travers ma chère forêt de Fontainebleau.

Les vieux chênes grandioses, les bouleaux rêveurs, les sommets rocheux d'où l'on domine un océan de feuillages, le murmure émouvant des brises dans les pins, les jeux du soleil et de l'ombre dans les taillis m'ont inspiré.

Là, naguère, j'ai connu Dieu.

Aujourd'hui j'y apprends sans cesse la persévérance dans l'effort vers le bien, je m'y arme de prières et de réflexions salubres pour le jour — hélas ! prochain — où il me faudra de nouveau agir parmi les hommes.

Je dis « hélas » parce que non seulement nos adversaires nous combattent sans loyauté, mais encore parce que les divisions entre catholiques rendent la tâche particulièrement ardue, surtout lorsqu'on voudrait ne pas manquer à la charité...

N'importe, j'espère aimer assez Notre-Seigneur pour le servir, pour attester les bienfaits de son Eglise sans trop de défaillances et malgré les déboires de toutes sortes qui assaillent l'orateur et l'écrivain dès qu'ils se vouent à l'apologie de la Vérité unique.

Après, je reviendrai panser mes blessures et louer la Dame de Bon-Conseil sous vos ombrages, beaux arbres, dont les frondaisons s'épanouissent dans la lumière et figurent les gestes d'espérance d'une âme qui cherche à conquérir son salut éternel...

A. R.

Fontainebleau, septembre 1912.

Au Pays des Lys noirs

CHAPITRE PREMIER

AU PAYS DES LYS NOIRS

Il y a quelque vingt ans, une brise chargée d'occultisme souffla sur la littérature. C'était l'époque où les symbolistes inauguraient une réaction contre le matérialisme pesant dont Zola, ses émules et ses disciples pavaient leurs livres et leurs manifestes. Chez eux l'on ne parlait que de documents humains et de tranches de vie. On niait l'âme, on bafouait tout spiritualisme. On définissait l'homme : une fédération de cellules agglomérée par le hasard, mue exclusivement par ses instincts et ses appétits, secouée par des névroses, courbée sous les lois implacables d'un déterminisme sans commencement ni fin. Flottant sur le tout, un noir pessimisme qui disait volontiers : — La vie est une souffrance entre deux néants.

Sous couleur d'études de mœurs, qu'il s'agît de peindre la bourgeoisie ou le monde des arts, les ouvriers ou les paysans, on n'alignait que des spécimens de tératologie sociale : des pourceaux et des ivrognes, des souteneurs et des aigrefins, des demi-fous sanguinaires et des bandits, des femmes détraquées ou mollement stupides, des prêtres sentimentaux et sacrilèges. Bref, un Guignol sinistre où se démenaient des marionnettes impulsives dont la Nature aveugle tirait les ficelles, en des décors de villes et de campagnes barbouillés d'un balai fangeux. Puis, quelles interminables descriptions ! Et quels inventaires de marchands de bric-à-brac de qui le cerveau se fêla pour avoir absorbé trop de manuels de vulgarisation scientifique !

Pour tirer l'art de ce cloaque, maints poètes firent de loyaux efforts. Ils se proclamèrent idéalistes, affirmèrent l'âme et ses tendances à une beauté supérieure. Ils opposèrent, en leurs strophes, des tableaux de légende stylisés aux photographies malpropres du naturalisme.

Malheureusement, ils tombèrent dans l'excès contraire. Tout sens du réel se perdit ; ce ne furent plus que chevaliers mystérieux pourfendant des licornes et des guivres dans des paysages irréels, princesses hiératiques, psalmodiant des énigmes du haut d'une tour ou promenant, avec langueur, de troubles mélancolies dans des parcs aux floraisons de chimère. Les paons et les cygnes, promus au rang d'animaux distingués, pullulèrent dans les poèmes. Il se fit une effrayante consommation du mot *songe* et du mot *mystère*.

Ce moyen âge de pacotille n'aurait pas tiré beaucoup à conséquence : c'était une mode littéraire comme il y en eut tant d'autres, en faveur aujourd'hui, oubliée demain. Mais le mouvement ne tarda pas à dévier d'une façon plus grave.

Les théories anarchistes, préconisant l'individualisme à outrance, firent invasion dans la littérature. Elles se mêlèrent à la religiosité vague, qui sollicitait un grand nombre d'esprits, pour produire les plus singuliers résultats. On s'écria d'abord : — plus de règles astreignantes, plus de prosodie traditionnelle entravant l'inspiration; que chacun se forge son instrument d'après le génie latent qui bouillonne en lui.

On ajouta bientôt : — plus de lois, plus de

soumission aux préjugés sociaux ; que le Moi
s'affirme sans limites, que le culte de la
Beauté soit notre seul objectif, et nous de-
viendrons pareils à des dieux !

En même temps, on se déclarait catholique
— mais d'un catholicisme spécial qui dédai-
gnait, comme vulgaires, les préceptes de l'E-
vangile, la fréquentation des sacrements et
la pratique des vertus chrétiennes. On re-
chercha dans les cérémonies du culte des
émotions d'ordre purement esthétique. On
frelata de sensualité morbide la prière et les
rites. Tel qui mit en vers les litanies de la
Vierge offrit, quelques pages plus loin, des
stances luxurieuses à l'Anadyomène. Tel
autre écrivit, de la même encre, le panégyrique de saint François d'Assises et celui de
Ravachol. Une Bradamante du socialisme
publia de soi-disant « pages mystiques » où
Jésus était exalté comme le précurseur de ces
Slavo-Mongols délirants : Bakounine et
Tolstoï. M. Joséphin Péladan fonda la Rose-
Croix esthétique et poursuivit la création
d'un ordre de Mages qui devaient prendre
place, dans la hiérarchie de l'Eglise, au-dessus du clergé. Les prêtres ne seraient plus
que des fonctionnaires préposés à la distribution des sacrements. Les Mages promulgue-
raient, pour les initiés, le sens ésotérique, et

supérieur selon la Gnose, des enseignements de l'Eglise.

Plus tard, à la suite de mésaventures qui ne nous regardent pas, M. Péladan écrivit au Pape pour le sommer, au nom du Bauséant, de sanctionner le divorce. Rome ne répondit pas — comme on pouvait s'y attendre. Et le Sâr-Mage sortit de l'Eglise en faisant claquer la porte.

Chez les catholiques, quelques-uns espéraient que, peut-être, un renouveau religieux naîtrait de ces divagations variées. Il n'en fut rien. Seulement, une phraséologie hétéroclite régna dans les livres et dans les discours. De bons jeunes gens — M. Henry Bérenger, qui depuis... en était — projetèrent d'instaurer un christianisme anodin et libérâtre où, pourvu que l'Eglise se tînt au second plan, on lui fournirait des recrues. Pas mal de bière fut ingurgitée à cette intention, car il ne faut pas oublier que ces néophytes se réunissaient sous ce vocable imprévu : *le Bock idéal* (1).

Ailleurs, les vers comme la prose s'encombrèrent de termes liturgiques, pris souvent à

(1) M. l'abbé Fonssagrive, aumônier du cercle catholique du Luxembourg, m'a fourni des détails bien amusants sur cette tentative. Mais ce n'est pas mon objet actuel de les publier.

rebours du sens véritable. Surtout il se fit
une dépense incroyable de lys.

Oui, les lys — symboles gracieux de la
virginité, corolles chères à la Madone immaculée — foisonnèrent, parmi toutes sortes
d'orchidées équivoques, dans les jardins
du Parnasse. Certains, outrant la métamor-
phose, se comparaient, eux-mêmes, à des lys.
Stéphane Mallarmé, qui, pour l'ahurisse-
ment dévot de quelques-uns, publiait alors
ses charades sans solution, fut le premier, je
crois, à donner, dans un poème, par hasard
un peu moins nébuleux que les autres, une signification scabreuse au lys. Depuis, l'on
alla beaucoup plus loin — inutile de dire jusqu'où. Il suffira de mentionner qu'un observateur qui analysait, avec une curiosité quelque peu dégoûtée, ces profanations, qualifia,
d'une façon mordante, les esthètes en pantalon collant et les toquées à bandeaux plats et
à robes extravagantes dont se bariolait ce carnaval.

— Ce sont peut-être des lys, dit-il, — mais
des lys noirs.

De là le titre de ce livre.

*
**

La Gnose, toujours vivante et agissante
depuis le premier siècle de l'Eglise, guettait

l'heure favorable pour semer son ivraie dans un terrain aussi propice à son développement. Avoir fait fusionner dans les Loges la postérité d'Hiram avec celle d'Homais et celle de Renan, c'était bien. S'insinuer dans la littérature pour y conquérir une influence et des adeptes, ce serait mieux. Elle n'y manqua pas.

Ce sont quelques-uns de mes souvenirs de cette période que je rapporte ici.

Un des faits caractéristiques de cette époque troublée, c'est que, non seulement dans la littérature, mais dans toute la société, faute d'une doctrine traditionnelle, le sentiment religieux s'égara hors de la voie unique où il n'y avait que l'Eglise pour avoir mission de le maintenir. Toutes les erreurs et toutes les hérésies reparurent. On se détournait de Dieu et de sa Révélation. Mais plusieurs se réclamèrent des divinités du paganisme grec. Ce morceau de rhétorique papelarde : la prière sur l'Acropole, fut leur *Credo*. D'autres annonçaient la résurrection du Grand Pan ou adoraient la nature sous la forme d'un vague culte rendu à Isis. Valentin et son Plérôme retrouvèrent des sectateurs. Les théurgies de Porphyre et de Jamblique furent remises en lumière. Des âmes se figèrent dans le Bouddhisme. Il y eut des

manichéens qui vantèrent les deux principes
et qui offrirent, de préférence, leur encens au
dieu noir.

Mais le plus grand nombre oscillait d'une
croyance à l'autre, mu par l'intuition que les
hypothèses, données arrogamment par la
science matérialiste pour des certitudes, ne
suffisaient pas à expliquer l'énigme du
monde. Tous, mais ceux-là surtout qui cherchaient, avec anxiété, une conviction, devin-
rent des proies empressées à se prendre aux
gluaux de l'occultisme.

Deux livres marquèrent cette préoccupation des choses invisibles. L'un, de M. Jules
Bois, s'intitulait : *les Petites Religions de
Paris*. C'était une enquête assez bien faite
sur les cultes hétérodoxes qui se pratiquaient
çà et là dans la Grand'Ville. Pour la première fois, si je ne me trompe, le mot l'*Au-
delà,* qui fit fortune depuis, y était employé.

On remarquera, en passant, qu'il dut sans
doute sa vogue à son imprécision. En effet,
il semblait propre à remplacer le seul mot qui
eût convenu, celui de *Surnaturel.*

Mais voilà : ce dernier paraissait trop net ;
il était clair et ne souffrait pas l'équivoque.
Il impliquait, en somme, l'aveu que quelqu'un existait en dehors et au-dessus de la
nature telle que l'orgueil humain l'accep-

tait. A ce titre, il gênait, d'autant que, depuis plus d'un siècle, la majorité des savants ne cessait d'enseigner que le Surnaturel n'existe pas.

L'Au-delà, au contraire, cela demeurait vague ; cela pouvait signifier un ensemble de lois naturelles, encore peu spécifiées et dont l'action ne tombait pas, d'une façon immédiate, sous les sens. On voulait bien excursionner à travers le mystère. Mais on préférait ne pas courir le risque d'y rencontrer ce Dieu du christianisme auquel on s'efforçait de ne plus penser. C'est ainsi que Celui qui ne veut pas servir mit si facilement sa griffe sur des âmes avides de plonger dans l'Inconnu.

Ce terme, incorrect mais élastique, l'Au-delà, désigna donc, à la satisfaction générale, la région confuse où tâtonnèrent, inconscients du danger qu'ils couraient, les blasés de la pensée qui cherchaient un frisson inédit, les myopes du spiritisme, qui prennent pour des anges de lumière des esprits ténébreux venus de très bas, et les naïfs qui s'imaginaient ne céder qu'à une curiosité d'ordre scientifique.

Le vieux serpent avait donc réussi, une fois de plus, à se dissimuler dans cet occultisme qu'on peut parfaitement traduire par *cachette.* Dès lors, ses préceptes, captieux en leur obscurité, infestèrent, à la faveur de maintes équivoques, les intelligences et les sensibilités. Car, comme le dit la scolastique : *Obscuritate rerum verba sæpe obscurantur.*

L'autre livre, ce fut celui d'Huysmans : *Là-bas.* Il ne s'agissait plus ici d'un reportage plus ou moins sceptique et rédigé avec le souci de ne froisser personne. L'ineptie orgueilleuse du matérialisme était nettement dénoncée. Au point de vue de l'histoire comme au point de vue de l'expérience personnelle, le Surnaturel démoniaque était affirmé, défini, étudié avec minutie, décrit en ses manifestations contemporaines. On avait sous les yeux la relation véridique d'un voyage au pays du maléfice et du sacrilège. Un style âpre, brutal, imprégné de couleurs violentes, évocatoire au possible en son incorrection, donnait un intense relief aux découvertes de l'explorateur.

Le retentissement fut énorme. Mais, résultat qu'on aurait pu prévoir, les *snobs* de l'occultisme comme les chercheurs de sensations extrêmes n'y trouvèrent qu'un motif de s'affriander aux messes noires et aux ordures du succubat. Huysmans, il est vrai, opposait, d'une plume déjà presque catholique, les blanches splendeurs de la Passion

aux flamboiements fuligineux des tumultes
diaboliques. Peut-être aussi avait-il cru mettre en garde les imprudents contre les périls
encourus par ceux qui tenteraient d'aussi
sombres expériences. Quoi qu'il en soit, son
livre ne fit guère qu'accroître la vogue de
l'occultisme.

Je me trompe, car je sais au moins une
conversion déterminée par la lecture de *Là-
bas*. Le converti me disait il y a trois ans :
« Huysmans me fit croire à l'existence du
Démon. J'en conclus : si celui-là existe,
l'Autre doit exister également. Je priai — et,
par un détour fort imprévu, la Grâce me tou-
cha. »

De fait, c'est aujourd'hui un excellent catholique.

*
* *

Voici maintenant de quelle façon je fus,
moi-même, porté à expérimenter les ivresses
troubles et les dangers de l'occultisme. Par
nature, je n'y étais guère enclin. Je ne fus
tout d'abord pas de ceux qui répétaient passionnément les vers de Baudelaire :

Nous nous embarquerons sur la mer des ténèbres
Avec le cœur joyeux d'un jeune passager ;
Entendez-vous ces voix charmantes et funèbres
Qui chantent : — par ici, vous qui voulez manger

Le lotus parfumé, c'est ici qu'on vendange
Les fruits miraculeux dont votre cœur a faim,
Venez nous enivrer de la douceur étrange
De cette après-midi qui n'aura pas de fin...

Mais dénué de toute éducation religieuse, attiré, comme la plus grande partie de ma génération, par ce qui avait couleur de mystère et d'imprévu, quand l'occultisme envahit la littérature, je fus entraîné après bien d'autres.

Lorsque, par suite de circonstances providentielles, je me ressaisis, le mal était fait. Et c'est pourquoi, certes, durant des années, je m'acharnai à miner, avec une morne fureur, le roc inébranlable sur lequel Dieu a bâti son Eglise.

Nous avions fondé diverses revues : *l'Ermitage, la Plume, le Mercure de France* où les plus militants de la jeunesse littéraire ferraillaient pour le triomphe de l'esthétique symboliste. Beaucoup sont morts de ces chevaucheurs de chimères. D'autres ont désarmé de bonne heure et sont devenus épiciers ou magistrats. Deux adoptèrent la profession d'académicien : l'un, tel qu'en songe, s'assit au bout du pont des Arts ; l'autre, récemment défunt, installa ses sourires pincés chez M. de Goncourt. Certains tournèrent mal. Celui-là, par exemple, qui, se reconnaissant fils de Lilith et de Pécuchet, s'abreuve d'un horrible

mélange de Quinton et de Nietzsche, brode
d'antichristianisme bêta des pornographies
gourmées et publie, deux fois par mois, les
Lettres d'un Satyre.

La Plume réunissait, chaque samedi, dans
le sous-sol d'un café de la rive gauche, bon
nombre de ces poètes. Le local consistait en
une cave assez exiguë où l'on s'entassait parfois deux cents. Là, se succédaient, sur une
estrade flanquée d'un piano fourbu, toutes
sortes de personnages plus ou moins notoires,
plus ou moins talentueux. Des compagnons
anarchistes préconisaient, en des couplets à
la dynamite, le chambardement universel.
Des néophytes du lyrisme psalmodiaient, en
chevrotant d'émotion, leurs premiers vers.
Des chansonniers, descendus de Montmar-
tre, accommodaient le régime à la vinaigrette.
Il y avait des mystiques maigriots qui se disaient fils des anges et portaient leur petit
chapeau rond comme une auréole. Il y avait
des néo-païens qui invoquaient les Muses et
ne juraient que par Dzeus et Aphrodite. L'un
est devenu commissaire de police ; les autres
sont morts ou tout comme. Il y avait de grif-
fonnants Américains et des Flamands blon-
dasses venus de Bruges-la-Morte ou de Chi-
cago-les-cochons dans le but imprévu de réformer la prosodie française.

Il y avait... Que n'y avait-il pas?

Ce souterrain, embrumé par les vapeurs bleues essufflées des pipes et des cigarettes, c'était une cuve où bouillonnaient les éléments les plus disparates : de la jeunesse exubérante, et plus naïve qu'on n'aurait pu le croire à entendre le ton des conversations ; du *snobisme* émoustillé par toute extravagance nouvelle ; de l'esprit de révolte contre les préjugés, contre les conventions sociales, contre les formules de l'art officiel ; de la bohème insouciante ; un grand débraillement de mœurs ; deux ou trois ratés, verts d'envie et de rancune ; des écrivains et des peintres de valeur qui, jaillis de cette étrange caverne, marquent à présent, dans les lettres et dans les arts.

Ce qui soulignait le caractère hétéroclite de ces réunions, c'est que des célébrités consacrées par le succès s'y risquaient quelquefois : Coppée, Hérédia, Puvis de Chavannes, d'autres encore. Accueillis avec courtoisie, ils laissaient bientôt de côté l'air gêné qui les faisait d'abord ressembler à des dompteurs novices pénétrant à regret dans une cage habitée par des fauves. Ils se mettaient à l'unisson de la gaîté générale.

Mais on aurait tort de supposer que dans ce cénacle ne se perpétraient que des mysti-

fications combinées pour « épater le bourgeois ». Sans doute, il y avait bien des rua-
des et des pétarades de poulains adolescents,
heureux de bondir, sans frein, dans les prai-
ries ensoleillées de la littérature. Cependant
on aimait sincèrement la beauté. Aussi,
quand quelque poème de large envergure déployait ses ailes chatoyantes sous la voûte
enfumée, les cœurs battaient d'une noble
émotion. Et il ne mentait pas toujours le :
Tu Marcellus eris qu'on décernait au triom-
phateur du moment.

Parmi tous ces poètes, parmi tous ces artistes en quête d'un Idéal et dont la plupart
étaient plus étourdis que pervers, l'occultisme rôdait, s'ingéniant à conquérir des
âmes. La profonde ignorance religieuse qui
caractérisait ce temps — comme il caractérise
le nôtre — favorisa ses menées (1).

Un certain docteur E..., qui s'affublait
d'un pseudonyme en *us*, tournait autour de
ceux qu'il jugeait susceptibles de procurer
un talent d'avenir à la Gnose. Jeune encore,
déjà bedonnant, le teint coloré, une barbiche
bifide, des cheveux noirs en brosse, des yeux
fureteurs, un rire jovial — il offrait l'appa-

---

(1) Il faut pourtant mentionner que sortirent de ce
milieu : deux tertiaires franciscains, un oblat bénédictin
et même un bon prêtre. *Spiritus flat ubi vult.*

rence d'un commis voyageur plutôt que celle
d'un mage. Il se montrait pourtant aussi instruit qu'aimable. Il offrait volontiers des con-
sommations. Il guettait la minute propice. Et
quand l'alcool avait fait son œuvre perfide
dans quelque cerveau facilement inflamma-
ble, il émettait des propos mystérieux, mi-
plaisants, mi-troublants, qui éveillaient fortement la curiosité d'interlocuteurs déjà férus de surnaturel.

Très adroit, très fin, il faisait scintiller
sourdement, comme les gemmes d'une bague
à son doigt, les yeux de l'antique Nahash, ou
bien il répandait une poussière d'étincelles
sur le voile d'Isis. Puis d'un calembour ou
d'une gaudriole, il semblait rayer ce qu'il
venait de dire.

Si l'on insistait pour en apprendre davantage, satisfait d'avoir amorcé sa pêche future, il se dérobait par quelque quolibet.

Mais le souvenir de certaines phrases im-
pressionnantes persistait chez les esprits rêveurs. Ils y pensaient longuement et, la fois
suivante, ces victimes déjà éblouies, rame-
naient, d'elles-mêmes, la conversation sur le
sujet qui les attirait comme le miroir attire
les alouettes. Elles demandaient que le tenta-
teur consentît à leur donner des explications
plus étendues sur une doctrine où elles subo-

doraient un arome de voluptés rares, d'ordre intellectuel ou sensuel — en tout cas, fermées au vulgaire.

Lui précisait alors un peu ses enseignements : il montrait de loin les pommes d'or qui mûrissent aux branches de l'arbre des sciences maudites. — Si l'on manifestait l'envie de les cueillir, il corroborait sa séduction par l'octroi de brochures d'occultisme élémentaire et par le service gratuit de ce néfaste périodique l'*Initiation*.

C'est ainsi que plusieurs furent entraînés. Jusqu'où?... Vous le savez aujourd'hui, pauvres âmes englouties dans les ténèbres irrémédiables !

Le docteur E... n'est pas le seul à poursuivre cette œuvre de perdition. Actuellement, des gens bien renseignés savent, de façon certaine, qu'il existe des médecins qui abusent de leur ministère pour propager, dans leur clientèle, les dangereuses aberrations de la Théosophie...

Cependant ce ne fut pas le docteur E... qui m'amena, d'une façon directe, à franchir le seuil des paradis menteurs de l'occultisme. Je causais volontiers avec lui. Je l'écoutais avec intérêt, surtout lorsqu'il me commentait les symboles hermétiques du panthéisme, car j'étais alors très épris de cette doctrine.

Mais quoique l'*Initiation* me fût régulière-
ment envoyée, je ne la lisais guère. Et je re-
fusai de suivre un cours d'occultisme où l'on
distribuait des diplômes qui conféraient gra-
duellement des dignités dans la Gnose. —
Cela, non par méfiance, mais parce que, fou
d'indépendance et de poésie primesautière, je
répugnais à m'enclore dans une secte.

Quand il entreprenait des imaginatifs de
caractère faible, le docteur E... ne tardait pas
à les mettre en rapport avec son émule en maléfices, Stanislas de Guaita.

Il manœuvra de la sorte pour égarer le
poète Edouard Dubus. Celui-ci était un véritable enfant, spirituel au possible, fort instruit, bon, serviable, doué d'un gracieux talent. Mais il ne possédait nulle volonté. Aimé
de tout le monde, dans tous les mondes, y
compris le demi, il ne savait pas résister aux
impulsions de sa nature ardente. Malgré un
grand fond de mélancolie — ce *spleen* ron-
geur dont toute notre génération a souffert —
il prétendait ne concevoir l'existence que
comme une farce infiniment drolatique.
Aussi, lorsqu'une sottise lui paraissait amusante à commettre, il n'y allait pas — il y
courait. Avec cela, très curieux d'occultisme
et très porté, sous un scepticisme de surface,
à s'engager dans les halliers du surnaturel,

pourvu qu'il y trouvât quelques églantines à cueillir.

Hélas, à quelle mort affreuse le conduisit ce penchant !

Dubus méditait alors d'écrire un drame en vers qui aurait eu pour principal personnage Apollonius de Tyane, le thaumaturge pythagoricien dont les prestiges équivoques suscitaient l'admiration des payens au premier siècle de notre ère.

Il en parla au docteur E... qui, saisissant l'occasion, lui proposa de l'aboucher avec Stanislas de Guaita. Celui-ci détenait, disait-il, des documents dont Dubus pourrait tirer le plus grand parti. Cette invite fut accueillie avec empressement par le poète.

Le lendemain du jour où la première entrevue avait eu lieu, Dubus vint chez moi. Nous étions fort liés et nous passions rarement quarante-huit heures sans nous voir. J'étais au courant. Je savais que de Guaita était tenu pour un maître de l'occultisme, mais je ne le connaissais que par deux de ses livres : *Rosa mystica*, titre sacrilège, étant donné ce que contenait ce recueil de vers, et *Au seuil du Mystère*, introduction à l'histoire de la magie noire.

Lorsque Dubus pénétra dans le petit appartement de la place de la Sorbonne que j'occupais à cette époque, je fus surpris et presque effrayé en constatant à quel point les traits de son visage étaient altérés. D'habitude il avait le teint assez pâle. Mais, cette fois, il était plus que pâle : il était livide. Un éclat fiévreux vitrifiait ses prunelles qui me parurent élargies. Son regard, d'ordinaire si franc, fuyait le mien ; il errait çà et là sur les objets sans s'y poser.

En proie à une agitation singulière, le poëte allait et venait à travers la chambre, se laissait tomber sur le divan pour se relever aussitôt, se figeait soudain dans une attitude de stupeur pour reprendre, trois secondes après, sa déambulation saccadée. Ses mains se crispaient au dossier des chaises; puis se portaient à son front et le balayaient comme pour chasser une pensée importune.

— Assieds-toi donc pour de bon, lui dis-je, et tiens-toi tranquille. Je ne t'ai jamais vu aussi énervé. Tu as une mine de déterré ; est-ce que le fameux Guaita t'aurait fait boire ?

Je n'en croyais rien, car Dubus était très sobre, mais il me semblait si étrange, ce matin-là !

— Non, non, me répondit-il, je n'ai pas bu : tu sais bien que je ne bois jamais... Seulement de Guaita m'a fait une telle impression que je ne m'en puis remettre... Nous avons causé toute la nuit ; c'est un homme extraordinaire.

— Tant que cela ? Mais enfin que t'a-t-il raconté ? A-t-il évoqué devant toi l'ombre d'Apollonius afin que ce doux sorcier te documentât lui-même ?

— Ne plaisante pas. Ce fut très sérieux, cet entretien. Guaita m'a ouvert des horizons superbes.

Et, les yeux fixes, le torse tout à coup raidi, l'index dardé vers le plafond, il ajouta d'une voix rauque, *qui n'était plus la sienne :*
— Guaita m'a procuré le moyen de devenir un dieu !

Je tressaillis. Dans toute autre circonstance, j'aurais peut-être ri de cette phrase extravagante. Mais il y avait quelque chose de si anormal chez Dubus, une telle expression d'orgueil triomphant se marquait dans toute sa physionomie, que je ne me sentis nullement enclin à le railler.

Et puis, dans nos réunions de jeunes écrivains affolés par le mégalomane Nietzsche, qui nous invitait à nous hausser jusqu'au surhomme, nous nous étions si souvent écriés avec Musset : *Qui de nous, qui de nous va devenir un dieu?* Tant de fois le démon de la gloire nous avait chuchoté, aux heures où l'on croit si fort en soi-même qu'il semble qu'on va se heurter la tête aux étoiles : *Eritis sicut dei !...*

Loin donc de m'égayer, je repris tout mon sérieux et je pressai Dubus de s'expliquer davantage.

— Guaita, me dit-il, m'a d'abord invité à lui exposer les raisons de ma prédilection pour Apollonius. Quand je lui eus confié à quel point le surnaturel m'attirait, quand je lui eus révélé mon ambition de créer, d'après ce maître des mystères, une figure qui dominerait notre temps, il m'a d'abord répondu, sans avoir l'air d'y tenir, qu'il pourrait peut-être me venir en aide. Puis il a gardé le silence pendant plusieurs minutes. Moi, j'ai repris la parole, et tandis qu'il me fixait d'un regard aigu qui me traversait la tête, je me suis épanché en un flot d'aperçus touchant la composition de mon drame. Tu me croiras si tu veux : à mesure que je parlais, des scènes dont je n'avais eu aucune idée jusque-là naissaient en moi et je les décrivais aussitôt. Des vers imprévus me jaillissaient de la bouche. Mon drame prenait une ampleur, un relief, une splendeur inouïs. Mon don d'invention s'était tout à coup décuplé. C'était comme si un être nouveau s'était éveillé en moi pour me dicter des pensées magnifiques. Et je me sentais indiciblement fier du génie dont je

venais de prendre conscience en cette explo-
sion de mon âme.

Tout à coup, ce fut comme si un mur de
glace se dressait pour faire obstacle à ma
course dans l'Idéal. La fête éblouissante al-
lumée dans mon cerveau s'éteignit comme
une bougie qu'on souffle. Je m'interrompis
au milieu d'une phrase. Plus de mots, plus
d'idées ! Je restai hébété, balbutiant, pendant
que Guaita ne cessait pas de m'observer froi-
dement.

— Eh bien, dit-il, qu'attendez-vous ?...
Continuez, vous m'intéressez beaucoup.

— Je ne trouve plus rien, répondis-je.

Un mouvement de désespoir me saisit, car
il me semblait que je ne trouverais plus jamais rien !

— Ah ! c'est fini, m'écriai-je, mon drame
vivait devant moi ; maintenant, il est mort.
Et je sens que je ne me rappellerai même plus
un seul des vers que je viens d'improviser
d'une façon si surprenante.

— Si, reprit Guaita, vous vous rappellerez
tout. Et je m'en vais vous dire comment...

Ici Dubus s'arrêta net. Très étonné, je
l'invitai à poursuivre. Mais il s'y refusa obs-
tinément. Il allégua, pour motif de son silence, que Guaita lui avait fait promettre de
garder le secret sur le philtre qui faisait dé-

border dans les âmes les sources d'un génie
surhumain.

— Mais, conclut-il, il ne tient qu'à toi de
le connaître. Viens chez de Guaita. Il désire
beaucoup te voir et il a fort insisté pour que
je t'amène à lui.

— Je ne dis pas non, répondis-je, car je
flaire là du nouveau et, n'est-ce pas, comme
Baudelaire, nous plongerions volontiers

Au fond de l'inconnu pour trouver du nouveau !...

— Certes, reprit Dubus ; quant à moi, le
sphinx m'a livré son énigme, désormais j'incarne Apollonius de Tyane. Son essence divine vit en moi. Mon âme a conquis des ailes
et elle monte dans l'infini, car Guaita m'en
a livré la clef...

*
* *

Je ne me doutais pas alors de quelle nature
était le philtre, qui, loin de lui ouvrir les portes de l'infini, devait très vite faire descendre
mon ami au sépulcre par une spirale d'horreur et d'abjection.

Toutefois, à la réflexion, je résolus d'abord
de ne pas aller chez de Guaita. Ma raison me
faisait pressentir qu'il y avait là un danger.

Je ne craignais pas pour mon âme, car je n'avais pas la foi et il m'importait peu que l'Eglise mît ses fidèles en garde contre l'occultisme. Mais je redoutais une influence virulente sur mon imagination et ma sensibilité. Il y avait bien du louche dans ce que j'avais appris déjà par le docteur E... Aussi, je me méfiais.

Mais ensuite je me remémorai les termes dont Dubus s'était servi pour me peindre la puissance de création poétique qui avait germé en lui au contact du théosophe. Le désir grandit en moi de connaître des joies analogues.

— Qui sait, me dis-je, si ce personnage — peut-être inoffensif, après tout — ne saura pas m'inculquer cette énergique confiance en soi-même dont j'ai vérifié les effets sur Dubus ? Et puis Dubus, emballé comme il l'est, par nature, a sans doute exagéré. Je puis toujours aller chez de Guaita en observateur attentionné à mettre les choses au point. C'est tentant !

Ce dernier prétexte me décida. Cependant, j'y insiste, tandis que je me rendais chez de Guaita, en compagnie de Dubus, je sentais que j'avais tort. Ma conscience me murmurait que je faisais mal ; mais sans l'écouter, je me forçais à mal faire.

Dans le plus pénétrant de ses contes : *le Démon de la perversité,* Edgar Poe, ce voyant, a décrit, d'une façon incisive, cet état d'âme. Il a montré comment telles circonstances se produisent où celui que ne garde pas la prière court à sa perte, le sachant et *ne voulant pas* réagir...

Le rez-de-chaussée où habitait de Guaita se trouvait dans une rue tranquille et voisine de l'avenue Trudaine. Chemin faisant, j'interrogeai de nouveau Dubus sur cette « clef de l'infini » dont il gardait si jalousement le secret. Il se déroba par des phrases évasives. Ce soir-là, du reste, il était taciturne et semblait possédé d'une idée fixe.

Quand nous eûmes sonné, de Guaita lui-même vint nous ouvrir, une lampe à la main. Les paroles de présentation et d'accueil échangées, il nous fit entrer dans son cabinet de travail. Cette pièce était entièrement tendue d'étoffe rouge au plafond comme aux murs. Une grande glace, d'une limpidité parfaite, surmontait la cheminée. Au-dessus du bureau, chargé de livres et de papiers, une belle gravure reproduisait le *Saint Jean-Baptiste* de Vinci et son sourire énigmatique. Comme meubles, quelques fauteuils moelleux et un large divan oriental qui régnait tout le long d'une des parois.

Tout en causant, j'étudiais de Guaita. De taille moyenne, le corps enveloppé d'une robe de chambre quelconque, il retenait l'attention par trois particularités de sa physionomie. Encadré d'une barbe d'un blond pâle qui se terminait en pointe, son visage était d'une pâleur cadavérique : il semblait que le sang n'avait jamais rougi ses pommettes terreuses. Sa bouche, mince comme une estafilade de sabre, offrait des lèvres d'une coloration de violette délavée, presque mauve. Ses yeux, bleu faïence, dardaient ces regards acérés dont Dubus m'avait parlé ; ils trouaient comme des vrilles. Je remarquai que les pupilles en étaient extraordinairement dilatées.

La conversation, en cette première rencontre, fut d'abord assez banale. Dubus se taisait presque tout le temps, mais il était nerveux et semblait attendre quelque chose. Guaita, fort courtois d'ailleurs, se tenait sur la réserve. Moi, je me sentais mal à l'aise et, détail qu'il faut retenir, quoique la température fût très douce, j'avais froid, physiquement froid, surtout aux mains, comme si je les avais tenues dans de l'eau glacée.

Naturellement, la littérature fut mise sur le tapis et de Guaita me demanda si je travaillais à un livre en ce moment. Je lui dis que je composais des poèmes d'amour. —

C'étaient ceux qui furent réunis depuis sous
le titre : *Une belle Dame passa*. J'étais alors
très épris de la personne qui les motiva —
sans, du reste, être payé de retour.

Peut-être parce que ce déboire m'affligeait
fort et qu'il me soulageait de l'exprimer —
ou pour toute autre cause — ma gêne disparut soudain pendant que je parlais de mes
vers. Bien plus, quoique nos relations toutes
récentes n'autorisassent pas de confidences
aussi personnelles, j'analysai mon chagrin
devant Guaita et j'ajoutai même que je n'es-
pérais guère attendrir la rebelle.

Pourquoi me livrais-je de la sorte? C'est
que je ne sais quelle force me poussait à lui
dévoiler mes pensées les plus intimes. On eût
dit qu'il les tirait hors de moi, qu'il les dévi-
dait, à la muette, comme le fil d'une bobine.

— Oh! dit-il très simplement, quand je
me tus, assez ébahi de ma confiance impromp-
tue, il y aurait sans doute un moyen de vous
faire aimer d'elle.

— Vraiment? m'écriai-je, mi-sceptique,
mi-convaincu.

— Nous en recauserons, car je pense que
vous me ferez le plaisir de renouveler cette
visite.

Conquis par sa quasi-promesse d'aider l'a-
moureux en panne, j'allais répondre par l'af-

firmative quand Dubus se levant, tout d'une pièce, demanda à passer dans la chambre à côté.

— Allez, cher ami, dit Guaita, vous trouverez sur la table tout ce qu'il vous faut.

Il ne bougea pas de son fauteuil. A peine s'il esquissa un geste pour accompagner sa phrase. Mais un léger sourire, où je crus démêler une nuance de triomphe, voltigea sur ses lèvres.

Par politesse et voyant son calme, je n'osai poser de question. Cependant mon malaise revint et s'accrut encore quand Dubus rentra, les yeux embrasés de cette même flamme d'orgueil qu'ils irradiaient naguère, place de la Sorbonne.

Guaita ne parut pas s'en apercevoir. Mais moi je ne pus y tenir. Un trouble grandissant m'envahissait. Sous un vague prétexte de rendez-vous ailleurs, je pris congé en quelques mots rapides, non sans avoir acquiescé quand Guaita, ne témoignant aucune contrariété de ce départ à peine correct, insista pour que nous nous revissions à bref délai.

Je m'en allai par la ville, plein de réflexions confuses où prédominait l'idée que l'occultiste servirait peut-être ma passion malheureuse.

C'est pourquoi ma seconde visite suivit

bientôt, Guaita me reçut avec la même courtoisie que la première fois. Mais il semblait
avoir oublié l'espèce d'engagement qu'il avait
pris. Malgré mon impatience, j'attendis pour
le lui rappeler qu'un détour de la conversation nous y amenât. Il en était bien loin ; il
me parlait d'un écrivain qui s'était récemment converti au catholicisme après avoir
longtemps publié des livres où l'Eglise était
étrangement méconnue. Pour qualifier cette
évolution, il employa des termes haineux,
presque grossiers, ce qui me surprit chez un
homme d'ordinaire si mesuré. Ce fut violent
au point que je me sentis choqué, non tant
par l'âcreté des sentiments exprimés que par
la vulgarité des mots qui les traduisaient.

De Guaita s'en aperçut et rompit tout de
suite le propos. Il remarqua que j'examinais,
par contenance, une statuette d'Isis en or qui
scintillait sur son bureau.

— Avez-vous lu ce qui est écrit sur le piédestal ? me demanda-t-il.

— Non, répondis-je.

— Eh bien, voyez.

Je me penchai sous la lampe et je lus :
I. N. R. I.

— Tiens, dis-je, c'est curieux... L'inscription placée, par ordre de Pilate, au-dessus de la tête du Christ en croix. Je ne vois

pas trop ce qu'elle fait sous les pieds d'Isis.

— Je vous l'expliquerai plus tard, reprit de Guaita, quand nous serons plus liés (1).

Je n'insistai pas, d'autant que je cherchais toujours un joint pour aiguiller la conversation dans le sens qui m'intéressait. Je ne trouvais pas. Alors je me décidai à entrer en matière sans autre préparation.

— Si je vous ai bien compris, l'autre soir, dis-je, vous seriez à même de me fournir des arguments pour convaincre la personne dont je vous ai parlé?

Il eut son sourire ambigu : — Mieux que des arguments, me répondit-il, nous en causerons tout à l'heure... Mais si nous prenions d'abord un peu de champagne?

Sans attendre ma réponse, il passa dans la pièce à côté et en revint aussitôt avec deux coupes et une bouteille toute débouchée.

Cette particularité aurait dû me mettre en défiance, puisque, d'habitude, on garde le champagne clos sous sa capsule dorée jusqu'au moment de le verser. Mais j'étais si loin de soupçonner que Guaita pût avoir pré-

---

(1) Il ne me l'expliqua pas ; on verra pourquoi. Mais j'ai appris, par la suite, et dans d'autres conditions de vie, le sens sacrilège du titre de la Croix dominé par Isis. Le voici : *Igne Natura Renovatur Integra.* Quant au commentaire gnostique, je ne le donnerai pas ici. *A porta inferi, erue nos, Domine !*

paré ce liquide pour m'entonner quelque drogue occulte !

Il remplit les coupes et, me saluant de la
sienne, il la porta à ses lèvres.

Quoique n'aimant pas ce vin tapageur, que
je ne sais plus qui appelait « un coco épilep-
tique », je l'imitai.

A peine avais-je avalé deux gorgées qu'un
arrière-goût d'amande amère m'emplit la
bouche. Et, immédiatement, je me sentis tout
étourdi. En même temps je remarquai que
Guaita, après avoir au plus effleuré sa coupe,
la posait sur le bureau. Je me hâtai d'en faire
autant et je ne touchai plus à la mienne.

Or j'en avais bu assez : la drogue agissait.
Je fus pris de vertige ; des flammes vertes me
dansèrent devant les yeux ; une sueur abondante m'imprégna le front ; tous mes membres s'engourdirent ; il me sembla que mon
sang ralenti changeait son cours dans mes
artères... Je ne trouve pas d'autre expression
pour expliquer ce qui s'opérait dans mes organes. Mes jarrets fléchirent et je tombai
sur un fauteuil en murmurant : — Je suis
empoisonné !

— Mais non, mais non, se hâta de dire de
Guaita, la splendeur approche... Dans une
minute, vous serez tout à fait bien.

Malgré mon demi-évanouissement, je sen-

tis qu'il s'était approché de moi et qu'il me
faisait des passes magnétiques sur la figure
et sur le cœur. Puis du pouce, il me raya le
front d'un signe qui figurait le *tau* de l'alphabet grec (1).

Je revins à moi : le malaise physique était
dissipé. Mais je me sentais comme un voile
sur l'esprit : ma volonté avait disparu. J'étais
sur le point de devenir une sorte d'automate
docile à toutes les suggestions. Et pourtant je
ne sais quelle voix presque étouffée ne cessait
de chuchoter au dedans de moi : — Prends
garde ! Prends garde !...

Guaita tira mon fauteuil contre le bureau
et me mit sous les yeux un album richement
relié. Il l'ouvrit ; je vis défiler une suite de
planches, d'une exécution d'art exquise, et
qui représentaient... je ne veux pas dire quoi.

Pour les érudits, je les comparerai aux
priapées du musée secret de Naples.

De Guaita les commentait d'une voix stri-
dente et mêlait parfois des saillies blasphé-
matoires à sa glose.

Mais voici que, loin de me stimuler, ces
ordures élégantes me causaient de la répulsion. Je ne pouvais pas la formuler, car j'étais
plongé dans une sorte d'hébétude. Puis cette

---

(1) C'est la marque de la Gnose et la contre-partie
blasphématoire de *notre* signe de la Croix.

sensation de froid intense, ressentie déjà lors
de ma première visite, m'éprouva de nouveau. Je grelottais comme si j'étais dans un
bain de glace...

— Je gèle, je gèle, m'écriai-je, en repous-
sant l'album.

Guaita laissa échapper une exclamation
d'impatience. Cet incident parut le déconcerter : on aurait dit qu'il s'attendait à un résultat très différent.

— Couchez-vous un quart d'heure, me dit-
il d'une voix brève.

Il m'étendit sur le divan, me glissa un
coussin sous la tête, jeta une fourrure sur
mon corps et m'en enveloppa soigneusement.
Je me laissais faire comme un enfant ; j'étais
incapable de vouloir et presque de penser.

L'occultiste s'assit à son bureau et se mit
à écrire, ne s'interrompant, de temps à autre,
que pour me lancer des regards plutôt mal-
veillants.

Moi, je fus d'abord dans un état vague.
Mes idées flottaient éparses, se muaient en
images confuses et difformes, comme il arrive
dans certains cauchemars. Pourtant je ne
dormais pas, et même le nuage de plomb qui
s'était appesanti sur mon cerveau se dissipait
peu à peu. Bientôt mon intellect reprit son
fonctionnement normal : je me sentis tout à

fait lucide. Seulement j'étais brisé de fatigue et je ne pouvais remuer ni bras ni jambes.

Enfin je ne me réchauffais pas. Au contraire, la sensation de froid ne faisait que s'accroître et, tandis que je claquais des dents, je la sentis, pour ainsi dire, s'extérioriser. Ce fut comme si un brouillard d'hiver m'enveloppait...

Il m'enveloppait réellement, car je le vis soudain, comme une vapeur transparente et givreuse qui ondulait dans la chambre... Je prie qu'on me croie ; je ne fais pas de littérature ; je dresse un procès-verbal.

Parmi cette brume, je sentis une présence invisible, glaciale, haineuse, qui s'y tenait immobile et me fixait. Simultanément, un regard machinal, jeté sur la glace du fond de la chambre, me la montra toute trouble.

Je perçus, par une intuition subite, que la Présence me voulait du mal — aurait désiré m'anéantir. Comme j'avais de plus en plus froid, un souvenir me traversa l'esprit, pareil à un éclair, celui de ces lignes lues récemment dans un traité de démonologie : « Souvent, quand la Puissance mauvaise se manifeste, elle s'annonce par un froid rigoureux qui fait souffrir les néophytes du Sabbat... »

Alors une horreur indicible m'envahit. Je récupérai toute mon énergie pour sauter à bas du divan avec le désir véhément de déguerpir.

— Je m'en vais, dis-je à Guaita.

Qu'aurais-je dit de plus ? Nulle explication n'était nécessaire entre nous. Nous nous étions compris — et nous ne pouvions marcher de compagnie.

Mon annonce ne parut pas l'émouvoir. Il haussa les épaules en signe que cela lui était indifférent et marmotta en sourdine : — L'expérience a manqué. Celui-là ne vaut rien pour nous...

Sans autre cérémonie, je pris la porte.

Dehors je respirai largement et, les yeux levés vers les étoiles qui magnifiaient la nuit printanière, je me jurai de ne jamais remettre les pieds dans ce lieu maudit.

Je me suis tenu parole.

*
* *

Le pauvre Dubus ne fut pas aussi bien inspiré que moi. Ce philtre, prétendu divin, dont de Guaita lui avait inoculé le désir, le goût, puis la passion, c'était la morphine.

Dès lors, la Pravaz ne le quitta plus et la drogue infâme manifesta bientôt en lui ses ravages. Il s'enfonça de plus en plus dans les pratiques de l'occultisme et multiplia les piqûres. Sa santé déclina rapidement d'une fa-

çon effrayante. Ce n'était plus qu'un sque-
lette ambulant qui ricanait et balbutiait des
incohérences. Sa belle intelligence s'éteignit.
Son talent s'envola. En moins de deux années il fut réduit à rien.

Deux séjours consécutifs dans une maison
de santé ne parvinrent pas à le guérir. A
peine dehors, il retombait dans son double
vice . la fréquentation de Guaita, l'intoxica-
tion croissante par la morphine. — Le bon
Huysmans, qui l'aimait, tenta de le sauver.
Ses efforts furent vains.

Enfin, un soir que Dubus était entré dans
une vespasienne pour se piquer une fois de
plus, il tomba sur le sol immonde et entra en
agonie tout de suite. On le transporta dans
un hôpital où il mourut sans avoir repris connaissance...

Ce cadavre reste sur la conscience de Stanislas de Guaita. Celui-ci décéda, peu après,
dans des tourments atroces. On dit qu'il s'est
repenti à la dernière minute : Dieu veuille
avoir son âme !...

Les faits parlent d'eux-mêmes, je crois,
dans ce récit strictement véridique. Je n'ajou-
terai donc pas grand'chose. Je ferai seulement
remarquer l'habileté de certains occultistes à
user des penchants et des passions des esprits
imaginatifs qui tombent sous leur emprise

pour se les asservir. Ce ne sont pas leurs seuls maléfices : ils en propagent d'autres et de plus subtils. J'en dévoilerai quelques-uns dans la suite de ces études.

———

CHAPITRE II

LES BRISEURS D'IMAGES

I

Le 7 juillet 1893, vers quatre heures de l'a-près-midi, j'étais adossé à la devanture, prudemment close, de la boulangerie qui fait l'angle de la rue Racine et de la rue de l'École-de-Médecine, au boulevard Saint-Michel.

Je reprenais un peu haleine et je tâchais de rassembler mes idées assez en désarroi depuis quelques jours.

C'est qu'en effet l'émeute, qui avait éclaté le 4, faisait rage dans plusieurs quartiers de Paris : sur la rive gauche, à Belleville, place de la République, place de la Concorde — ainsi nommée, disait Balzac, parce qu'elle mène au palais de l'éternelle discorde — et

vers l'avenue de Clichy. Le ministère ayant
fermé la Bourse du travail, les syndicats ouvriers tentaient de la reprendre d'assaut. Les
bouchers de la Villette, conduits par leur
idole : le marquis de Morès, allaient descendre. La ligue des patriotes avait convoqué ses
escouades pour risquer un coup en faveur de
son rêve éternel : la dispersion de ceux qui
allaient être bientôt les Quinze-Mille et la
purification de la Chambre par l'appel au
plébiscite. Amilcare Cipriani, par hasard
hors de prison, apprenait à de jeunes gues-
distes comment on construit des barricades.
Les anarchistes, pour qui l'émeute est un élé-
ment vital, étaient accourus de tous les points
de la ville et de la banlieue, ne voulant pas
manquer une si belle occasion de chambardement. De plus, les cochers de fiacre et les
terrassiers étaient en grève.

Ces éléments disparates s'étaient coalisés
pour une action commune contre le gouvernement, les parlementaires et le préfet de police
Lozé — quittes à s'entre-déchirer si le mouvement réussissait.

La veille au soir, des délégués de tous les
partis s'étaient réunis chez un ancien membre
de la Commune, nommé Regnard, disciple
de Tridon, et qui présentait cette particularité curieuse d'être un antisémite féroce, mais

imbu d'athéisme jusqu'aux moelles. On avait tenu un conciliabule dans le but d'établir la meilleure tactique pour culbuter le régime. Il y avait là, entre autres, Jules Guérin, Zévaès, depuis député de Grenoble, un ancien officier, bonapartiste fervent, dont le nom m'échappe, Jean Carrère, qui se mêlait à cette échauffourée, uniquement, je crois, pour exercer sa faconde méridionale ; un lieutenant de Déroulède, quelques élèves des Beaux-Arts, un mouchard qu'on démasqua trop tard, un émissaire des Collignons, un autre des Limousins, Jacques P... de la Bourse du travail et le signataire de ces lignes envoyé par un groupe révolutionnaire de la rue Mouffetard.

La discussion fut assez confuse : certains avaient le toupet de proposer l'envoi d'une délégation à la Chambre pour y poser nos griefs. Mais on les écoutait peu. En dernier ressort, on résolut de tenter des attaques à la fois contre l'Elysée, la Bourse du travail et la Préfecture de police. Les patriotes devaient aller troubler la quiétude ruminante du personnage indûment qualifié chef de l'Etat. Les grévistes, soutenus par d'autres corporations, essaieraient de reprendre la Bourse du travail. Enfin les anarchistes et les collectivistes devaient emporter la Préfecture de police, la

4

saccager et, si possible, s'emparer de Lozé pour en faire un otage.

Guérin avait réservé le rôle de Morès et de ses bouchers. Nous avions, lui et moi, rendez-vous, avec le marquis, à minuit, au Rane-lagh. La réunion finie, nous allâmes le trou-ver. Après nous avoir entendus, il décida de prendre part au combat qui se livrerait place de la République et rue du Château-d'Eau.

— Nous arriverons par la rue Saint-Maur avec des matraques, me dit-il, et nous char-gerons la police — en ligne.

— Vive le Roi ! conclut Guérin.

— Vive l'Anarchie ! répondis-je.

Et tous trois en chœur : A bas Marianne !

Nous nous serrâmes la main et nous nous séparâmes.

II

On se demandera ce que faisaient dans ce complot les élèves des Beaux-Arts.

C'est que, justement, ils étaient la cause initiale de l'émeute. Quinze jours aupara-vant, avait eu lieu, au Moulin-Rouge, le bal annuel des *Quat'-z-Arts*. Comme il était d'habitude, il y avait à cette fête outre les peintres, sculpteurs, graveurs et architectes, un certain nombre d'invités : journalistes, gens de lettres, *dilettanti,* plus un fort contingent de modèles féminins et de demi-mondaines. A la fin du bal, on avait porté les modèles en triomphe dans la pose et dans le... manque de costume qu'elles ont à l'atelier.

Certains journaux, le lendemain, rendirent compte de la fête avec force épithètes louangeuses.

Sur quoi, M. le sénateur Bérenger déposa une plainte au parquet pour outrage à la morale publique. Il n'y avait pourtant là qu'une publicité très relative, s'adressant à des gens qui en avaient vu... bien d'autres.

Des poursuites furent exercées : un certain nombre d'artistes — plutôt des sculpteurs — furent frappés d'une amende, et aussi une certaine Sarah Brown, modèle qui, en sa qualité de juive, profita de l'incident pour poser les bases de sa fortune à venir.

Aussitôt condamnés, les Beaux-Arts entrèrent en ébullition. Le 4 juillet, les élèves des divers ateliers s'assemblèrent, protestèrent au nom de l'Art, et décidèrent d'aller conspuer, chez lui, le sénateur Bérenger. Le rendez-vous pour les manifestants fut fixé place de la Sorbonne.

Il y avait à cette époque — et il y a sans doute encore — faisant angle avec la place et le boulevard Saint-Michel, un café où se réunissaient pas mal d'écrivains et de révolutionnaires. Le soir même du 4, nous étions assis trois à la terrasse du café : un électricien fort coté dans son métier et assez bon orateur dans les réunions, un commis voyageur en casquettes de cyclistes — qui se croyait, à ses moments perdus, missionné pour prêcher la Sociale, — enfin, moi-même.

Quand les artistes arrivèrent, nous ne savions pas du tout de quoi il s'agissait. La place s'emplit de criailleries et de gesticulations, mais il était très évident que ces jeunes gens ne sauraient comment s'y prendre pour organiser un cortège subversif. Les bons agents, très calmes et très modérés, circulaient à travers cette foule sans rien dire ; et je crois bien qu'ayant l'expérience du quartier, ils jugeaient que tout le monde se disperserait après quelques vociférations.

Mais les anarchistes étaient là pour embrouiller les choses. Nous nous informons, nous apprenons de quoi il retourne. L'instinct de désordre, qui ne demande qu'à flamber chez tous les révolutionnaires, s'allume en nous.

Je dis à l'électricien : — Il s'agit de chambard... Viens avec moi, nous allons mettre en fureur contre le Bérenger ces gâcheurs de plâtre et ces badigeonneurs de toiles. Si nous parvenons à les lancer pour de bon, il en résultera de la casse, on se cognera et tout cela fera du bien à la Sociale.

L'autre m'approuve, tandis que le Gaudissart des casquettes s'esquivait sans mot dire. Nous montons sur les marches de la Sorbonne. Et de là je fais aux Beaux-Arts une harangue où je leur démontrai qu'il fallait non seulement conspuer le sénateur, mais encore envahir sa maison et n'y rien laisser d'intact. Je ne me rappelle plus les termes de cette diatribe, mais il faut croire que le démon qui me poussait soufflait des flammes irrésistibles, car, tandis que je m'essuyais le front et que l'électricien, attisant à son tour le brasier, traînait dans la boue M. Bérenger, le Sénat et le régime, une colonne d'artistes fous de rage se forma spontanément et partit au pas de course vers la rue d'Anjou qu'habitait le Père Conscrit accusé d'un excès de pudeur.

Enchantés du résultat obtenu, nous rejoignons la tête de la manifestation et, trois minutes après, la place était vide.

Cependant les gardiens de la paix, débordés, bousculés, affolés, courent au téléphone et objurguent la Préfecture de leur envoyer du renfort. S'expliquèrent-ils mal? Le fait

est qu'un quart d'heure plus tard, une bri-
gade de réserve débouchait à fond de train
sur la place et, sans pourparlers ni explications, tombait à bras raccourcis sur les consommateurs paisibles demeurés à la terrasse
du café. Une bagarre s'ensuit. Un employé
de commerce nommé Nuger est frappé à la
tempe d'un porte-allumettes lancé à toute vo-
lée par un agent et meurt sur le coup...

Pendant ce temps, nous avions cassé quelques vitres chez M. Bérenger ; nous nous
étions un peu cognés avec la police, puis, nous
dispersant, nous avions été boire des bocks,
car il faisait une chaleur terrible. C'était là
une de ces mille équipées comme Paris en
voyait tous les quinze jours à cette époque.

Mais il y avait le cadavre de Nuger.

Le lendemain matin, la nouvelle de ce malheur enflamme Paris comme une traînée de
poudre. Littéralement ce fut pareil à un coup
de cloche qui réveilla tous ceux dont la haine
du régime constituait la raison de vivre. Il
suffit de se reporter aux journaux du temps
pour vérifier que je n'exagère pas.

L'émeute éclate avec la rapidité de la fou-
dre. Une colonne de six mille manifestants,
conduite par Jean Carrère, marche sur la
Chambre pour l'envahir et exiger la révoca-
tion de M. Lozé. Il s'en fallut de peu qu'elle

ne réussît. Et c'est à partir de ce jour que, par les soins d'un questeur nommé Madier de Montjau, les balustrades du Palais Bourbon vers le quai ont été hérissées de pointes de fer.

Pendant ce temps, les révolutionnaires, qui avaient battu le rappel de tous leurs adhérents, tentaient, aidés par les cochers, et les terrassiers en grève, d'enlever d'assaut l'hôpital de la Charité où l'on avait transporté le corps de Nuger, dans le but de s'emparer de ce cadavre pour le promener à travers la ville.

Il y eut là quelque chose d'impulsif, sans colloques préalables ni calculs ; et il est presque incompréhensible, autrement que par un accès de colère collectif, le mouvement de révolte qui se propagea de quartier en quartier.

Car, il faut le souligner, les trois quarts de Paris nous approuvaient et faisaient des vœux pour nous. Paris, qui hait — au fond — les parlementaires et ceux qui les garantissent du châtiment, sentait son cœur battre à l'unisson du nôtre.

La preuve ? Tandis que nous attaquions l'hôpital, nous fûmes chargés par la garde à cheval. Or, à mesure que les municipaux avançaient au grand trot et que nous reculions devant eux en tirant des coups de revolver, — on avait pillé un armurier, rue de

Rennes, — de toutes les fenêtres de la rue
Jacob il pleuvait sur les casques et les chevaux des bouteilles, des briques, des pots de
fleurs, des casseroles et des vases intimes.

Le 6, Charles Dupuy, président du Conseil, rassure les parlementaires pantois et
croit faire un coup de maître en fermant la
Bourse du travail qui, du reste, fermentait
terriblement. Là-dessus, quatorze syndicats
se soulèvent à leur tour et déclarent qu'ils la
reprendront par la force. La ligue des patriotes annonce une réunion place de la Concorde. Les bouchers de la Villette demandent
à Morès s'il est temps de jouer de la trique.
Jules Guérin convoque les antisémites.

Durant ces appels à la lutte, les révolutionnaires se battaient : barricade place Saint-
Germain-des-Prés, à l'orée de la rue Bonaparte, barricade rue de l'Ecole-de-Médecine,
barricade de seize omnibus et tramways ren-
versés place Maubert, tentative d'enlèvement
de la caserne du Prince Eugène, etc.

Dans l'après-midi de la même journée, on
songea à coordonner toutes les forces soule-
vées par un même dégoût du régime et l'on
se réunit chez Regnard, comme je l'ai rapporté.

III

Donc appuyé au rideau de fer de la boulangerie, je me reposais un peu et, en attendant le retour de l'émissaire que j'avais envoyé prévenir les compagnons qu'on attaquerait la Préfecture le soir, je m'efforçais de rendre le pas à l'observateur sur l'insurgé.

La première chose qui retint mon attention, c'est que j'étais fort sale : noir de poudre, gris de poussière, barbouillé de sueur mal séchée. Je regardai les poignets de ma chemise : ils étaient brunâtres. Je me représentai alors la stupéfaction de ma chère femme quand je rentrerais. Et il me sembla que j'entendais son « oh ! » de surprise réprobatrice.

C'est qu'il y avait trois jours que, pris par la bataille, je n'étais pas rentré. J'avais bien envoyé une demi-douzaine de *pneus* à ma femme ; mais ce n'était peut-être pas suffisant pour la rassurer.

Ensuite mes regards se portèrent sur le boulevard Saint-Michel. D'habitude, à cette heure-là, il est fort animé. Or, aujourd'hui il était presque désert. Sauf les cafés, la plupart des magasins avaient clos leurs volets.

De rares passants filaient vite ; les tramways cahotaient à peu près vides. La mendiante aveugle qui demeurait fidèle à son poste, contre la grille de Cluny, au coin de la rue Du Sommerard, secouait en vain le gobelet de fer-blanc où elle recueille les sous. Le seul bruit notable qui venait à mes oreilles était celui d'un régiment de dragons défilant au trot vers l'Odéon...

Puis je me remémorai les événements qui s'étaient succédé, avec une rapidité vertigineuse, depuis plusieurs fois vingt-quatre heures. Et, qu'on en pense ce qu'on voudra, j'eus une folle envie de rire. N'y avait-il pas de quoi quand on considère quelle cause minime avait provoqué tout ce hourvari ?

En effet, parce que Mlle Sarah Brown et ses amies avaient témoigné du mépris pour la feuille de vigne, Paris se trouvait sens dessus dessous, et nous allions peut-être à la révolution de nos rêves — et un homme était mort.

— Ah ! me dis-je, Taine eut bien raison d'avancer que la vie est un tome de Shakspeare interfolié de Labiche. Pour une page du *Roi Lear* ou de *Macbeth,* il y a dix pages de vaudeville...

Mais je m'assombris aussitôt : si tenace que fut mon espoir de traîner aux gémonies le parlementarisme, la raison me disait que

cette échauffourée hétéroclite, sans préparation, sans chef, sans but bien déterminé, ne
pouvait aboutir qu'à du sang versé, à des ré-
pressions et à un redoublement d'oppression
jacobine.

— Il nous faudrait un chef, soupirai-je,
mais voilà, nous ne l'avons pas.

Car, malgré l'aberration libertaire qui
m'empoisonnait le cerveau, je gardais l'instinct que, seul, un Maître restaurerait l'ordre
et replacerait sur sa vraie base l'Etat mis à
l'envers par la République.

Comme je ratiocinais de la sorte, j'entendis
chanter en chœur vers le bas de la rue de
l'Ecole-de-Médecine. Je me tournai de ce côté
et je vis apparaître une troupe d'une vingtaine
d'individus précédée d'un personnage mai-
gre, vêtu de noir comme un croque-mort. Il
allait bras dessus bras dessous avec un gamin
de quinze ans qui se rengorgeait, tout fier de
déployer le drapeau noir à l'inscription d'or :
Deleatur ! de l'Anarchie (1).

Je reconnus mon ami Georges Chatelier,
et dans la sorte de cantique — grave, quasi
solennel et, il faut le dire, d'une fort belle
musique — que chantait sa bande, l'*hymne
des briseurs d'images*.

(1) Pour les non-latinistes, *deleatur* peut se traduire :
supprimons tout !

Quand ils arrivèrent près de moi, ils en étaient au dernier couplet que voici :

Les rois sont morts, les dieux aussi,
Demain nous vivrons sans souci,
Sans foi ni loi, sans esclavages :
Nous sommes les briseurs d'images.

Suivit la Carmagnole anarchiste avec son refrain où luisent des reflets de couteaux, où crépitent des mèches de bombes :

Les proprios avaient promis
De faire égorger tout Paris,
Mais les voilà f... ichus,
Nous leur botterons... l'dos :
Dansons la Carmagnole,
Démolissons, démolissons,
Dansons la Carmagnole
           Et saignons
           Les patrons !

Chatelier me serra la main. Emacié, dans sa redingote devenue trop large, le visage terreux aux pommettes rougies de fièvre, les yeux immenses et flambant d'une flamme meurtrière, le front balayé de mèches désordonnées, arrivé au troisième période de la tuberculose, il n'arrêtait presque pas de tousser. Par moments, du sang lui venait aux lèvres qu'il essuyait d'un geste convulsif.

— J'ai à te parler, me dit-il.

— Eh bien, cause : je t'écoute.

— Attends ; les compagnons ont soif : je vais les envoyer se rafraîchir chez Eustache.

Cet Eustache était un mastroquet de la rue Monsieur-le-Prince, qui se disait zélé pour la Sociale, mais qui était, selon toute vraisemblance, un indicateur de police.

Georges fit rouler le drapeau noir, expliqua aux compagnons — qui, le gosier fort sec, ne demandaient pas mieux que de l'entendre — qu'un canon de la bouteille leur ferait du bien et que lui viendrait les rejoindre bientôt.

Nous fûmes seuls (1).

IV

Georges s'appuya à la devanture et me dit :
— Que va-t-il sortir de tout ce grabuge ?

— Je l'ignore, répondis-je, l'essentiel c'est, en ce moment, d'augmenter le désordre.

Il rêva quelques instants puis il reprit : — Oui, n'est-ce pas, la tactique habituelle : démontrer, par les faits, la fragilité du régime,

---

(1) « Georges Chatelier » n'est pas absolument le nom du personnage, mort d'ailleurs deux mois après. Mais sa famille, fort honnête, fort pieuse, existe encore. Je ne veux pas la contrister et c'est pourquoi j'ai déformé le nom.

empêcher que toute autorité se reconstitue, puis lancer le peuple à l'assaut des banques et des gros propriétaires et se figurer qu'à la suite de ces exploits, l'Anarchie inaugurera l'âge d'or sur la terre.

C'était bien, en effet, le programme anarchiste. Le ton sarcastique de Georges aurait dû m'en faire saisir l'absurdité. Mais l'âge d'or, l'idylle perpétuelle qui hallucine les révolutionnaires et leur fait perdre le sens de la réalité, me tenait si fort l'intellect que je répondis : — Et pourquoi pas ?

Georges éclata d'un rire sardonique, ce qui lui fit cracher le sang, et poursuivit : Ah ! poète, tu te vois déjà roucoulant sous les bouleaux avec une Amaryllis quelconque sans t'inquiéter de la pâture ni du terme. Eh bien, moi, je me f... de vos églogues et j'ai bien autre chose en tête.

— Et quoi donc ?

— La mort ! La destruction universelle, la table rase afin d'en finir avec cette existence odieuse où l'homme ne se hausse à la conscience des phénomènes que pour souffrir.

— Que veux-tu donc ?

— Rien, plus rien !

Ebahi, je le regardai. En effet, c'était la première fois que je rencontrais l'anarchiste complet, logique, mis à nu, celui qui, propulsé par la Malice qui toujours veille, pousse aux extrêmes conséquences la doctrine née de la Révolution, cultivée, épanouie au dix-neuvième siècle, aboutie aujourd'hui à sa floraison suprême : le culte de la Mort sous couleur de liberté intégrale.

— Et les moyens ? dis-je.

Il eut un geste de souffrance ! — Je ne sais pas... Tout viendra en son temps. Mais en attendant, détruisons, détruisons !

Ses yeux semblaient des brasiers noir et or. A le considérer, j'avais peur, *j'avais froid*.

Je crus trouver un argument : — Tuerais-tu les femmes ?

— Oui !...

— Tuerais-tu les enfants ?

— Oui !...

Je tressaillis d'horreur et je m'écartai de lui.

Georges s'aperçut de ma répulsion : — Ah ! dit-il, vous êtes tous des avortons. Vous n'aurez jamais le courage de faire la table rase. Et pourtant, quelle beauté ! l'individu devenu tellement libre, tellement dieu, qu'il conçoit la nécessité d'arrêter à jamais l'évolution au point où il est parvenu.

Il se mit à rire du même rire poignant et cracha encore du sang... Je ne puis dire ce que j'aurais répliqué. Ce n'était plus un homme que j'avais devant moi ; c'était je ne sais quel être ténébreux qui m'entraînait dans la grande épouvante.

Heureusement mon envoyé aux compagnons de la rue Mouffetard revint à ce moment.

— Ça y est, camarade, me dit-il, tous seront là pour l'attaque de la Préfecture.

Avant que je pusse lui répondre, Georges posa sa main décharnée sur mon bras et me dit : — Tueras-tu ce soir ?

— Autant que possible, non, répondis-je.

C'était vrai ; même au temps de mes pires égarements révolutionnaires, j'eus toujours l'horreur du sang versé. D'ailleurs je n'avais pas d'arme, et je ne voulais pas en avoir.

Alors, avec une expression affreuse dans les yeux, il reprit : — Moi, je tuerai...

— Et qui donc ?

— Le premier venu.

— Et s'il est innocent ?

Il ricana de nouveau. — Te rappelles-tu le mot d'Emile Henry à son procès ? *Il n'y a pas d'innocents.* Je pense comme lui...

De ce coup, sous prétexte de m'entendre avec mon émissaire, je m'écartai définitivement et, sans prendre congé de Georges, je traversai le boulevard. Il me regardait d'un air de dédain, et pourtant il y avait dans ses prunelles comme une détresse infinie...

Le soir, à l'assaut de la Préfecture, je reçus d'un sous-brigadier de la garde à pied, un coup de baïonnette dans l'épaule gauche qui, par la grâce de Dieu, me mit hors de combat.

Puis le ministère fit venir soixante mille hommes de troupe dans Paris. Et la grand'-ville frémissante rentra sous le joug des parlementaires.

V

L'émeute ne pouvait pas réussir. Rappelez-vous qu'elle mêlait des royalistes, c'est-à-dire des constructeurs et des conservateurs par tradition, à ces fomentateurs de néant : les socialistes et les anarchistes. Que pouvait-il sortir d'un tel imbroglio ? Rien du tout, sauf de la haine entre Français.

C'est pourquoi la Franc-Maçonnerie jubilait et les Juifs se frottaient les mains.

Car l'une et les autres ne peuvent prospérer que par nos divisions.

Que faudrait-il pour remédier à ces maux ?

L'union dans l'Eglise qui a fondé la France et qui, seule, peut la maintenir bien portante.

CHAPITRE III

I

Victor Hugo, qui croyait en Dieu, ne croyait pas à l'Eglise catholique, mais il croyait aux tables tournantes. On sait qu'en cette île de Jersey où, selon l'expression de Veuillot, il représentait si bien « Jocrisse à Pathmos », il se donnait des séances de spiritisme dont le fidèle Vacquerie, Lesclide et d'autres nous ont rapporté les péripéties.

Le poète lui-même en parle dans son livre sur William Shakspeare où, selon sa coutume, il mélange, en une effarante salade, les pires absurdités aux vues les plus grandioses — le tout relevé d'une moutarde de vocables hétéroclites.

« Du sublime au ridicule il n'y a qu'un

pas », disait Napoléon. Chez Hugo ce pas est
sans cesse franchi : dans ses poèmes, d'une
strophe à l'autre, dans ses romans, d'un pa-
ragraphe à son voisin.

Or, dans cette soi-disant étude critique sur
l'auteur du *Roi Lear,* il affirme, plus que jamais, cette méthode disparate. Il y parle de
tout : des fumées de Londres et des nuances
de la mer, du goût des moutons tourangeaux
pour le sel et des qualités qu'on doit exiger
d'un bon domestique. Il y orchestre des qua-
drilles où Job fait vis-à-vis à Voltaire et Ézé-
chiel à Don Quichotte. Il nous donne, en trois
phrases d'une incomparable magnificence, la
vision des Alpes au coucher du soleil. A côté,
dans un chapitre intitulé : *le Beau serviteur
du Vrai,* il divague, à propos d'instruction
laïque, autant qu'un primaire gavé de socialisme jusqu'au nœud de la gorge. Et de Shakspeare, en somme, il est fort peu question.
« Dans son œuvre, s'écrie Hugo, j'admire
tout, comme une brute ! »

Puis quelques citations — bien choisies
d'ailleurs — et un point, c'est tout.

Si pourtant, il y a encore autre chose : l'effort perpétuel de Hugo pour se hisser sur un
piédestal de philosophe et de penseur.

Précisément il ne fut jamais ni l'un ni
l'autre. Merveilleux forgeron des rythmes,

éblouissant créateur d'images, stupéfiant constructeur d'antithèses parfois évocatrices, splendide halluciné de la tempête et de l'ombre, il incarna, plus que personne, ce désordre chatoyant que fut le romantisme.

C'est l'une des plus joyeuses mystifications du dix-neuvième siècle que de le présenter comme le penseur-type. A quoi n'a cependant point manqué un plaisantin grave du nom de Renouvier. Ce rhéteur, qu'on dit spiritualiste, publia naguère un volume : *Victor Hugo philosophe,* dont la lecture faillit me faire périr d'hilarité.

Car la philosophie de Hugo, qu'est-ce que c'est ? Elle se résume en la calembredaine émise par Rousseau de Genève : l'homme est originairement bon ; ce sont les institutions sociales et religieuses qui le pervertissent. A l'usage, on a vu ce que valait le précepte ; il a produit cette bacchanale de gorilles : la Révolution ; il a enfanté cet agneau méconnu, le doux Marat et ce philanthrope calomnié, l'exquis Robespierre ; il a fait cabrioler, comme des chèvres, ces agités sentimentaux : les Républicains de quarante-huit. Et que d'autres méfaits ! Celui-ci : la glorification d'un nouveau fétiche : le Progrès, grâce auquel l'humanité se figura qu'elle allait se déifier. Celui-là : le pullulement des anarchistes. — Et

par anarchistes, je n'entends pas seulement
les personnages aigris ou obtus qui préparent
l'âge d'or de l'avenir à coups de bombes, de
poignards et de revolvers. Je range sous la
même étiquette ces éducateurs de la jeunesse
que nous amena l'invasion protestante, ces
déformateurs de l'intelligence française, ces
sectateurs de l'individualisme, les universitaires actuels, dont Charles Maurras a dit,
avec raison, dans sa belle *Enquête sur la Monarchie,* « qu'ils ne formaient que des anarchistes ou des dilettantes ».

Hugo, outre vibrante où s'engouffraient
tous les vents de l'espace, ne pouvait que s'assimiler les solennelles balivernes dont son
siècle s'était épris. Elles faisaient dans sa
cervelle, incapable de pensée suivie, un tintamarre extraordinaire ; elles s'y mêlaient en
d'étranges amalgames. Puis il les relançait
à travers le monde, et c'étaient des beugle-
ments lyriques, tantôt harmonieux, tantôt
dissonants, faits pour déconcerter ceux qui
cherchaient un lien entre toutes ces incohérences.

En effet, feuilletez l'œuvre de Hugo ; je
vous défie d'y trouver une unité de doctrine.
A cette page, il est panthéiste ; dans cette
strophe, il est manichéen ; voici un chapitre
truffé de christianisme trouble ; en voici un

autre où le Bouddha stupide est préféré à Jésus-Christ ; et enfin voici une tirade où le
poète découvre Dieu dans un pied de table.

A travers toutes ces fariboles grandilo-
quentes, il n'arrêtait pas de prophétiser. Et
ce n'est pas en cette posture de Nostradamus-
Arlequin qu'il est le moins cocasse.

Oyez un peu quelques-unes de ses prédic-
tions : quand tout le monde saura lire, les
hommes tomberont dans les bras les uns des
autres et la guerre sera pour jamais abolie.
— Au vingtième siècle, il n'y aura plus de
guerres ; on s'étonnera d'avoir attendu si
longtemps pour constituer les Etats-Unis
d'Europe...

Et force sottises du même acabit dont les
d'Estournelles de Constant, les Passy et autres Loyson firent, depuis, leur pâture pour
le pourlèchement de la Franc-Maçonnerie.

La seule prédiction de Hugo qui se soit réa-
lisée c'est celle où il annonce les aéroplanes.
Encore les décrivait-il comme des sphères de
cuivre.

Mais on n'en finirait pas s'il fallait énu-
mérer toutes les folies où se dispersa ce grand
poète difforme que Henri Heine avait si justement qualifié « un beau bossu ».

Retenons seulement l'apologie du spiritisme telle qu'on la lit dans le *William*

Shakspeare. Hugo, qui ne veut pas des sacrements et des mystères de l'Eglise, qui mange
du prêtre comme le ferait un Homais gargan-
tuesque, cherche à établir le bien-fondé de la
religion tabulaire qu'il se fabrique. Il atteste
l'Egypte et les initiations d'Eleusis, Apollonius de Tyane et Apulée. Enfin il cite, avec
dévotion, certains trépieds de Dodone qui,
paraît-il, entraient en danse au commandement des hiérophantes. Puis il conclut :
« Dieu est là… »

Dieu, je ne crois pas, mais — *un Autre* fort
probablement.

II

Si j'ai insisté sur l'adhésion de Hugo au
spiritisme, c'est que les tenants de cette dan-
gereuse aberration le mentionnent volontiers
et avec fierté comme un Père de leur Eglise.

J'eus l'occasion de constater le fait, en Belgique, il y a quatre ans, au cours d'un voyage
entrepris dans un tout autre but que celui de
disséquer des spirites.

Je venais de donner quelques conférences
et, séjournant à Bruxelles, qui est une ville
assez plaisante, je sortais du bureau de rédaction d'un journal où l'on avait publié des ar-

ticles élogieux sur mes causeries. J'étais venu remercier le rédacteur en chef. Ma visite terminée, celui-ci me reconduisit jusque dans la salle des dépêches.

— Allons, dit-il, en me serrant la main, au plaisir de vous revoir, Monsieur Retté... Au prononcé de mon nom, un personnage, qui examinait les gravures accrochées à la muraille, se retourna brusquement, me dévisagea, puis me suivit dehors. Comme je restais arrêté sur le trottoir, décidé à flâner, mais ne sachant trop où diriger ma promenade, il m'aborda.

— Vous êtes M. Retté ? me demanda-t-il.

— J'en ai comme une vague idée, lui répondis-je en le toisant, car je n'aime pas beaucoup qu'on m'interpelle de la sorte. Au cours de ma carrière d'orateur errant, il m'arrive d'être ainsi harponné par des *snobs,* qui, neuf fois sur dix, n'ont rien à me dire, sinon qu'ils m'ont entendu la veille et qu'ils désirent me soumettre telle ou telle objection. En général, ils me débobinent une kyrielle d'inepties. Ou ils me décochent des compliments dont je me soucie autant qu'un tapir d'un galoubet. Heureusement que je possède le secret de les mettre en fuite en trois phrases.

— Bon, me dis-je, encore un raseur ! Ce que je vais le semer !

Cependant mon homme me regardait avec une insistance étrange. Ce qui fit que je l'examinai aussi. Vêtu de bleu sombre, chaussé de jaune, coiffé de paille blanche, il était de petite taille, âgé de quarante ans environ, tout en os et en nerfs. Dans sa face glabre, au teint safrané, ses yeux gris, pailletés d'or, luisaient d'une flamme intense.

Ce regard me frappa. L'intuition me vint que je n'avais pas affaire à un quelconque pourchasseur de notoriétés et j'attendis la suite.

— Je vous ai écrit, il y a six mois, reprit-il.

— C'est bien possible.

— Vous ne m'avez pas répondu...

— C'est fort probable.

Comme cette façon cassante de lui répliquer semblait le déconcerter un peu, j'ajoutai : — Je reçois pas mal de lettres et étant fort occupé, je ne réponds que quand je ne puis absolument pas faire autrement... Mais enfin de quoi me parliez-vous ?

— Je venais de lire, dans une revue, un article où vous développiez une sorte de panégyrique de saint François d'Assise. Votre conclusion était à peu près qu'il ne peut exister de saints en dehors de l'Eglise catholique. Cette assertion par trop péremptoire me choqua. Je vous écrivis donc que vous vous trom-

piez grandement, que l'Eglise catholique n'é-
tait qu'un premier stade de l'évolution vers
la lumière intégrale, qu'au-dessus d'elle, il y
avait d'autres degrés d'initiation où pouvaient nous hausser d'autres saints beaucoup
plus admirables que les thaumaturges cano-
nisés par Rome...

— Ah ! ah ! repris-je, vous êtes un théosophe.

Puis le souvenir me revenant de sa lettre :
— Je me rappelle. Votre lettre portait cet en-
tête : *Villa Maya,* près d'Utrecht, Hollande.
Vous m'adjuriez de venir vous trouver, sans
perdre un jour, car, disiez-vous, ayant franchi le seuil du mystère, j'avais besoin d'être
guidé par vous dans la voie ascendante de la
fidèle Sagesse.

— C'est cela même. Et pourquoi ne m'a-
vez-vous pas répondu ?

— Parce que la fidèle Sagesse — en grec
Pistè Sophia, n'est-ce pas ? — c'est le titre
d'un livre gnostique et par conséquent bourré
d'hérésies. Or je n'éprouve pas le besoin de
perdre mon temps à fleureter avec les hérétiques. Les enseignements de l'Eglise satisfont
tous les besoins de mon âme. J'estime qu'elle
seule détient la vérité absolue et qu'en dehors
d'elle il n'y a qu'aberration ou même pire.
Je ne voudrais pas vous froisser, mais telle

est ma façon de penser. Dussé-je passer auprès de vous pour un esprit étroit, souffrez
que je m'y tienne.

Sur quoi, je soulevai mon chapeau et je fis
mine de m'éloigner. Mais mon interlocuteur,
posant sa main sur mon bras, me retint et me
dit d'une voix presque suppliante : — Je vous
en prie, ne me quittez pas encore. J'abandonne le projet de vous éclairer, mais je voudrais vous démontrer comment on peut se
rapprocher de la divinité en dehors de votre
Eglise.

— Peut-être, repartis-je, mais je suis sûr
que ce n'est point par la théosophie...

— Causons !... Causons !... Je vous citerai
des faits.

Après tout, pensai-je, cet individu ne paraît pas trop bête. Peut-être, sans le vouloir,
me fournira-t-il des arguments pour combattre toute cette vermine de pseudo-religions
qui pullulent et fermentent au pied des murs
de la sainte Eglise. Allons-y !

L'autre attendait ma décision avec une
anxiété fébrile. Son visage s'éclaira quand je
lui dis : — Eh bien, marchons et, si cela vous
pique à ce point, exposez-moi votre doctrine,
quoique, je le parie, je la connaisse déjà...

Il me remercia avec effusion. Tout en suivant la rue Neuve vers la gare du Nord, il

crut devoir m'expliquer qu'il était végéta-
rien, riche, voué exclusivement aux études
d'occultisme. Puis il me dit son nom dont je
ne donnerai, bien entendu, que l'initiale qui
est : S... — Son origine hollandaise ne l'empêchait pas de parler fort bien le français,
avec à peine d'accent.

Comme nous étions arrivés au bout de la
rue, je lui dis : — Le plus simple serait de
nous asseoir dans le jardin botanique.

Il acquiesça. — Nous entrâmes dans le jardin et nous prîmes place sur un banc à l'ombre d'un splendide catalpa, fleuri de neige et
de pourpre, et qui m'intéressait, pour le
moins, autant que le théosophe.

III

En effet, ne savais-je pas d'avance ce qu'il
allait m'exposer ? Malgré quelques différen-
ces dans le détail de la doctrine, tous ces pré-
dicants de théories occultes procèdent d'un
même principe : l'exaltation de l'humanité
considérée comme possédant en elle-même,
d'une façon immanente, les forces nécessaires
pour se hausser à la divinité. C'est toujours
le vieil orgueil, le *non serviam* de Lucifer qui
leur donne l'impulsion.

Donc, comme je m'y attendais, S... ne
manqua pas de me développer cette rhapsodie
gnostique. Je l'écoutais d'une façon distraite
— étant, comme on s'en doute, fort peu sé-
duit.

Il s'en aperçut et, rompant son propos, il
me dit : — Mais enfin, il y a des faits matériels qui prouvent que nous ne nous trompons
point lorsque nous nous croyons en rapport
avec des forces surhumanisées...

— Et lesquels ? demandai-je.

— Les tables tournantes.

— Ah ! oui, la danse des trépieds... Je n'ai
jamais assisté à leurs cabrioles.

Il prit la balle au bond : — Je puis, s'écria-
t-il, vous mener, dès ce soir, à une réunion
où vous verrez, dans ce genre, des manifestations merveilleuses.

— Et vous croyez que cela suffira pour me
convertir à l'occultisme ?... Permettez-moi
d'en douter.

— Vous pouvez toujours constater les
faits.

Je réfléchis un moment. J'avais lu ou entendu dire bien des choses contradictoires
touchant ce rite fondamental de l'aberration
spirite. Je n'éprouvais aucun penchant à vérifier ce qu'il peut y avoir de réel dans ce
qu'on rapporte des tables tournantes. Mais,

n'ayant rien de pressant à faire en ce moment, je ne vis pas d'inconvénient à me rendre à cette réunion. D'autant que je me disais qu'il y aurait peut-être là l'occasion d'étudier quelques états d'âmes insolites.

— Et bien, soit, repris-je, je vous accompagnerai.

S... marqua de la satisfaction. Il me remercia chaudement comme si je lui rendais un grand service. Après avoir pris rendez-vous pour huit heures du soir, nous nous séparâmes.

En m'en allant, je notai cette rage de prosélytisme qui tient les gnostiques. Nulle part, elle ne s'exerce avec plus de persistance qu'auprès des catholiques. On dirait que c'est pour eux une souffrance de voir ceux qui chérissent l'Eglise demeurer fidèles à leur foi.

IV

Le soir, S... me conduisit dans une des rues les plus paisibles du quartier Léopold. Il était nerveux ; chemin faisant, il ne me parla que par phrases saccadées où il était question de mystères sublimes et de révélations irrésistibles. Pour moi, j'étais aussi calme que si j'allais assister à une séance de prestidigitation.

Nous fûmes devant une maison d'aspect quelconque. Une bonne également quelconque ouvrit à notre coup de sonnette et nous introduisit dans un salon où une dizaine de personnes faisaient le cercle et jacassaient à tue-tête.

Les femmes dominaient. La maîtresse de la maison, une forte brune quadragénaire et qui commençait à grisonner. De la poudre enfarinait à outrance son visage soufflé. Un binocle d'homme à monture d'or chevauchait son nez aquilin. Elle avait des yeux bovins à fleur de tête et une petite voix flûtée qui maniérait les phrases. A côté d'elle, une longue bique, à profil chevalin, à denture d'institutrice anglaise, à mains énormes et rouges tortillant un sautoir en simili garni d'amulettes. Puis une sorte de naine, jaune de teint et ridée comme une vieille pomme de reinette. Les autres devaient être fort insignifiantes : je ne me les rappelle que comme de vagues silhouettes.

Trois hommes surnageaient parmi ces jupes. Un personnage ventripotent et rougeaud dont le crâne, entièrement chauve, luisait comme une boule de jardin et qui parlait d'une voix grasse, coupée par les râlements d'un asthme chronique. Un petit chafouin, perdu dans une redingote noire trop large ;

ses yeux de lapin clignotaient entre des paupières flasques dépourvues de cils ; il brochait des babines en émettant des aphorismes qui semblaient sortir d'une clarinette enrouée.

Enfin un Juif. Celui-là était hideux. — Certes il n'est pas défendu d'être laid. Mais il y a une certaine laideur qui semble n'être que le *repoussé* physique de toutes les abominations morales. C'était le cas pour cet enfant de Sem. Sa figure, molle, verdâtre, paraissait imprégnée d'huile. Ses yeux troubles, obliquant vers les tempes, étaient couleur de vert-de-gris ; son nez énorme, spongieux, épaté, s'appliquait sur sa face comme un panaris. Une bouche dont les lèvres violettes se gonflaient en bourrelets. La main exangue et tellement humide, qu'après l'avoir touchée, on éprouvait une envie violente de se tamponner avec un mouchoir.

Et tout cela n'était rien. C'était l'expression de cette physionomie qui inquiétait surtout : un mélange de ruse, de bassesse et de feinte mansuétude à donner la chair de poule.

Cet Hébreu s'appelait Blumenthal, — nom printanier, qui faisait un contraste, bizarre et répugnant à la fois, avec l'aspect de l'individu.

Les présentations faites, sans grand céré-

monial, la maîtresse de la maison m'ayant
flûté quelques compliments sur mes conférences, les autres m'ayant regardé d'un air plutôt méfiant — ce que j'attribuai à ma notoriété de catholique, — je priai qu'on reprît la
conversation interrompue par notre entrée.
Et me fourrant dans un coin, je me préparai
à prendre des notes mentales.

V

Comme je l'ai dit plus haut, tout le monde
pérorait à la fois : on se serait cru dans une
cage pleine de perruches. Par moments, il est
vrai, quelqu'un enflait la voix davantage et
tentait d'entamer une harangue. Mais aussitôt, on lui coupait la parole et il lui fallait se
résigner à faire simplement sa partie dans
l'ensemble.

Seul, Blumenthal demeurait à peu près silencieux. Il se caressait le menton en promenant son regard terne sur l'assistance, s'in-
clinait, sans répondre, quand on l'interpellait
et me donnait l'impression d'un renard aux
aguets.

Pour S..., il me parut un peu déconfit de
ce tumulte ahurissant. Il me guignait en des-

sous et semblait craindre que je ne prisse
guère au sérieux les agitations de ses frères
et sœurs en occultisme.

Cependant le tohu-bohu allait croissant.
Tous les termes du vocabulaire spirite, tout
le jargon de la théosophie s'entre-choquaient
dans l'atmosphère de ce salon frelaté de métaphysiques virulentes.

Je m'ennuyais fort. Je méditais de m'esquiver sans attirer l'attention, quand, soudain,
Blumenthal prit la parole d'un ton péremptoire et dit : — Mesdames, Mesdames, et
vous, Messieurs, nous nous égarons. Il faut
procéder avec méthode, continuer nos expériences, joindre de nouvelles manifestations
de l'esprit à celles que nous avons déjà obte-
nues... Ce soir surtout, ajouta-t-il, en glissant un clin d'œil de mon côté, il importe
d'obtenir des résultats.

Il me fut évident que le Juif était le maître
de la réunion. Car, sitôt qu'il eut parlé, le
hourvari s'apaisa. Tous s'inclinèrent avec déférence. Et la maîtresse de la maison dit
d'une voix qui se voulait solennelle : — Con-
sultons l'oracle.

Sur quoi, le chafouin et le chauve se levè-
rent, allèrent prendre dans un coin un guéridon en acajou, monté sur trois pieds, et l'ap-
portèrent au milieu du salon.

S... me dit : — C'est maintenant que vous allez voir des choses étonnantes...

— Je le souhaite, répondis-je, car jusqu'à présent je n'ai vu et surtout entendu que des bavards d'une rare incontinence.

La maîtresse de la maison, la naine et le chafouin prirent place autour du guéridon et, suivant le rite classique du spiritisme, y posèrent l'extrémité des doigts, leurs auriculaires et leurs pouces se touchant.

Les autres, enfin silencieux, faisaient le cercle autour. Je scrutai les physionomies et je constatai qu'ils étaient tous fort émus. A coup sûr, il n'y avait point, parmi eux, de mystificateurs ni de sceptiques : ils croyaient de tout leur cœur que quelque chose de sublime allait se manifester dans cette table.

L'Hébreu s'avança. Il s'efforçait de prendre un air inspiré. Mais je dois dire qu'il y réussissait fort peu : malgré tout, la bassesse de son âme transparaissait toujours sur son hideux visage. Lui seul me fit l'effet d'un charlatan qui joue un rôle.

Il traça un signe serpentin au-dessus du guéridon et proféra en scandant les mots : — Au nom du Plérôme, Esprit qui nous libéras des religions inférieures, envoie-nous, comme tu l'as déjà fait, l'Eon Hugo, celui qui reniant le Crucifié, propagea dans le monde, avec magnificence, la gloire d'Ennoïa.

Dès que j'eus entendu ce blasphème gnostique, je fis, sans m'en cacher le moins du monde, un large signe de croix et je prononçai mentalement la conjuration : *In nomine Patris et Filii et Spiritus Sancti, procul recedant phantasmata.*

Du reste, personne ne remarqua mon geste. Tous, béants, frémissants d'attente, se penchaient vers le guéridon, le dévorant des yeux.

Une dizaine de minutes s'écoulèrent. Un silence absolu régnait dans le salon. Les mains des trois évocateurs se crispaient sur le bois.

Tout à coup, la maîtresse de la maison dit, d'une voix étouffée : — L'Esprit vient ; je le sens...

De fait, le guéridon se souleva, en craquant et, d'un de ses pieds, frappa un coup sur le parquet (1).

L'assemblée ondula, en soupirant d'angoisse et de désir d'en apprendre plus long.

— Esprit, es-tu là ? demanda Blumenthal.

Un coup : — Oui !

(1) On sait que d'après une convention constante du spiritisme, un coup signifie : *oui*, deux coups : *non*. Pour les autres mots, le nombre de coups correspond au chiffre de chaque lettre de l'alphabet.

— Est-ce Hugo qui nous parle ? dit la maîtresse de la maison.

Pas de réponse : le guéridon se balance en
craquant de nouveau.

Blumenthal répète la question d'une voix
impérieuse.

Enfin deux coups : — Non !

— Alors qui est là ? s'écrie la naine d'une
voix suraiguë.

Pas de réponse. Le guéridon se balance,
mais ne frappe aucun coup.

— Qui est là ? répète, haletante et conges-
tionnée, la maîtresse de la maison.

Le guéridon se met à frapper un grand
nombre de coups. Blumenthal compte tout
haut.

Les lettres suivantes sont successivement
indiquées : P-E-R-E...

— Père ! braillent tous les assistants.

— Père, reprend S... qui trépigne et qui
m'apparaît alors tout aussi toqué que les autres, mais quel père ?

Et la maîtresse de la maison, soudain lar-
moyante : — C'est mon père, mon bon père
qui est mort l'an dernier... Ah ! ce n'est pas
la première fois qu'il me rend visite...

Mais l'assistance ne semble pas convaincue
que ce soit le père de la dame qui se trémousse
dans le guéridon. L'homme chauve fait re-

marquer qu'il s'agit peut-être d'un Père de l'Eglise gnostique.

— Ce doit être Valentin, dit-il.

Blumenthal, consulté, se tient sur la réserve.

Cependant la dame s'irrite parce qu'on ne veut pas admettre son interprétation du mot fatidique.

— C'est papa ! c'est papa ! glapit-elle.

Sur quoi tout le monde se lève et recommence à babiller à la fois. Assourdi, mal à l'aise parmi ce tintamarre, j'étais de nouveau sur le point de gagner la porte quand un incident se produisit.

La maîtresse de la maison plaque ses mains sur le guéridon et s'écrie : — Eh bien, nous allons voir si j'ai raison ou non. Sonnez la bonne, je vous prie.

Quelqu'un obéit. La bonne vient.

La dame, hors d'elle, lui commande : — Allez chercher maman et amenez-la ici, tout de suite.

— Mais, Madame, elle dort...

— Cela ne fait rien. Réveillez-la !...

La bonne s'éclipse et la dispute recommence.

Rentre la bonne tenant sous le bras une petite vieille qui pouvait bien avoir quatre-vingts ans. Boutonnée à la hâte dans une robe

de chambre à carreaux, coiffée d'un bonnet
de nuit, mis de travers et qui laissait s'échapper quelques pauvres mèches de cheveux
blanches, elle était tout ahurie de ce brusque
réveil. Ses yeux vagues clignotaient et elle
balbutiait des mots sans suite.

Je la pris en pitié. Je trouvais révoltant
qu'on eût tiré de son lit cette déplorable aïeule
pour la faire assister à ce carnaval de détraqués.

J'allais formuler — sans douceur — ma
façon de penser quand, soit par un mouvement spontané, soit que la dame de la maison
l'eût poussé, le guéridon s'échappa, glissa
sur le parquet, l'espace de deux ou trois mètres, et vint tomber sur la vieille femme.

Celle-ci poussa un hurlement et prit une
attaque de nerfs, dans les bras de la servante
qui l'emporta en grommelant : — Sont-ils
bêtes !... C'est pas des choses à faire, savez-
vous !...

Cependant, la dame de la maison reprenait,
triomphante : — Vous voyez bien que c'est
papa. Qu'est-ce que je vous avais dit ?

La querelle, sur cette affirmation, n'en
devint que plus violente. Ce qui m'indigna
particulièrement, c'est que personne ne semblait se soucier de la pauvre vieille. Je dis à
S... qu'il faudrait la soigner et qu'avoir causé

une pareille frayeur à une femme de cet âge, c'était abominable.

Mais il ne m'écoutait pas. Plus frénétique encore que ses voisins, il se démenait, gesticulait, en vociférant des insanités.

De ce coup, j'en avais assez. Les miasmes de démence et de diabolisme qui envahissaient de plus en plus le salon me suffoquaient. J'avais besoin d'air pur. Sans prendre congé, je sortis brusquement. D'ailleurs personne ne remarqua mon départ : ils étaient bien trop occupés à s'invectiver et à blasphémer pour faire attention à moi...

VI

C'est l'unique séance de spiritisme à laquelle j'aie assisté. Je ne tiens pas à recommencer, car j'estime qu'il est malsain de fréquenter ces milieux d'aberration où règne, en maître souverain, un esprit de malice qui, certes, prend plaisir à égarer toujours davantage ces pauvres âmes.

Les spirites comme les théosophes sont des révoltés contre la Règle unique : celle de l'Eglise. Enfreignant ses défenses, méprisant ses enseignements, empoisonnés d'orgueil jusqu'au tréfonds de la conscience, ils se croient en passe de devenir des dieux.

Hélas ! ce ne sont point des dieux qu'ils deviendront !...

Une société en décomposition, comme la nôtre, voit se multiplier le nombre de ceux que le matérialisme écœure. Ils cherchent éperdument une issue dans le Surnaturel. Mais comme ils refusent d'obéir à la Sagesse catholique, le Surnaturel où ils se plongent les contamine autant et plus que ne le feraient les rêveries de la science athée.

— Nous voulons l'Idéal, s'écrient-ils.

Or, comme l'a dit brutalement, mais justement, Huysmans dans *En route :* « Le spiritisme et la théosophie, ce sont les *goguenots* de l'Idéal... »

CHAPITRE IV

DE PÈRES EN FILS

Les gens de bon sens admettent volontiers que les Bonnot, les Garnier, les Raymond Callemin dit « la Science » sont les produits obligés d'une évolution qui commença par la vogue de Rousseau et la proclamation des Droits de l'Homme, qui se continua par des crimes politiques, puis par des crimes sans épithète, qui s'achèvera, sans doute, si un Maître suscité de Dieu n'intervient, par un cataclysme social où sombrera la France.

Le sophisme primordial : l'homme naît bon, ce sont les institutions mauvaises qui le pervertissent a donné ses fruits : l'individualisme et l'irréligion. Pour les avoir savourés, depuis plus de cent ans, notre pays souffre d'une fièvre infectieuse dont les redoublements périodiques ont peu à peu empoisonné ce qu'il restait de sain dans ses organes. Il y

a bien encore des apparences de lois, des si-
mulacres de hiérarchies. En réalité, il n'y a
plus qu'une cohue d'affolés, se haïssant les
uns les autres, se bousculant, se meurtrissant,
se massacrant au besoin pour la conquête immédiate des jouissances matérielles.

La bourgeoisie, soi-disant éclairée, qui visa
le pouvoir sous la Restauration, qui depuis
s'en empara, ne veut pas s'avouer ces choses.
Elle a nié Dieu, sapé l'autorité, détruit la
famille. Censitaire, plébiscitaire, libérale,
radicale, elle a tour à tour relâché puis rompu
les entraves préservatrices qui retenaient la
nature humaine sur la pente d'aberration où
l'entraîne sa perversité originelle. Aujour-
d'hui elle s'étonne d'avoir engendré les bêtes
sauvages qui, récemment, se retournèrent
contre elle pour la dévorer : les anarchistes.

C'est à peu près comme si les eaux crou-
pies s'étonnaient de produire la typhoïde.

D'ailleurs, il faut remarquer que, même
parmi les anarchistes, entre les assembleurs
de nuées qui rêvaient une société communiste
sans Dieu ni Maître et où tout le monde serait
bon, vertueux, désintéressé, altruiste parmi
des auges toujours pleines de victuailles, et
les frénétiques qui volent et qui tuent au nom
de la liberté intégrale, la transition ne fut pas
immédiate.

De Kropotkine et Reclus, d'une part, à Bonnot et Garnier, d'autre part, il y eut Ravachol, Vaillant, Émile Henry et pas mal de rhéteurs plus ou moins inconscients. — Je voudrais, dans les lignes qui suivent, donner un croquis de ces divers protagonistes de l'Anarchie. Je n'aurai pour cela qu'à me rappeler le temps où, Dieu ne m'ayant pas encore montré la Voie unique, je partageais leur folie.

*
* *

Au bas de la rue Mouffetard, face à l'église Saint-Médard, une haute maison, à façade enfumée, crevassée, sordide. Un escalier obscur, dont les marches périlleuses branlent sous le pied qui s'y pose, mène à une mansarde où se rédige la *Révolte,* journal qui représente à cette époque — 1893 — quelque chose comme le moniteur de l'Anarchie.

C'est là que gîte Jean Grave, ancien cordonnier, formé aux idées libertaires par Kropotkine, puis promu rédacteur en chef du papier hebdomadaire dont la périodicité fut assurée, tant bien que mal, par des cotisations venues d'un peu partout — voire de l'Amérique du Sud.

Dans le fond de la mansarde, sous l'angle surbaissé du toit, un lit de fer aux couvertures

en désordre. Près de la fenêtre étroite, à petits
carreaux, une large table en bois blanc, posée
sur des tréteaux et couverte de paperasses.
Trois ou quatre chaises de paille. A la muraille des gravures révolutionnaires dont l'une
montre, accrochés à des potences, le président
Carnot, Léon XIII, le tzar et Rothschild. En
monceaux poussiéreux, dans les coins, les
bouillons du journal.

Jean Grave se tient assis contre la table et
griffonne en charabia un article où les principes de l'Anarchie sont formulés avec rigueur
et selon le pédantisme le plus cocasse.

C'est un petit homme trapu, aux épaules
massives, doué d'un ventre qui se permet de
bedonner. Sa tête toute ronde grisonne. Une
moustache en brosse coupe sa face débonnaire.
Ses yeux jaunes n'offrent qu'une expression
très inoffensive sous des sourcils en brous-
saille.

Car Jean Grave n'est pas méchant. Il ap-
partient à cette catégorie d'anarchistes qui se
plaisent surtout à rêver l'âge d'or communiste
dont ils voudraient gratifier l'humanité.

Ce qui ne l'empêche pas de rédiger des dia-
tribes où, grisé de sophismes slaves, il préconise les chambardements les plus extrêmes.

D'ailleurs opposé à ce que les compagnons
pratiquent le vol sous prétexte de « reprise

individuelle » et incapable de tuer un mousti-
que, lui eût-il piqué dix fois le nez.

C'est un contraste qu'on note assez fré-
quemment parmi les théoriciens de l'Anarchie : chez eux, la violence, parfois meurtrière, de la pensée s'allie à une grande douceur de mœurs. Ils écriront tranquillement :
« Étripons tous les propriétaires. » Et la minute d'après, ils auront la larme à l'œil pour
un marmot qui s'est laissé choir sur le pavé
glissant et qui braille...

Vis-à-vis Jean Grave, accoudé sur la table
et dévorant un tome de Haeckel, le nommé
Martin, ancien séminariste, aujourd'hui orateur dans les réunions ouvrières. Il est mai-
gre, famélique, affublé d'une redingote en
loques. Des yeux pleins de chassie, un nez
immense qui lui encombre toute la figure.

Malgré son apostasie, Martin a gardé quelque chose de clérical dans l'allure et dans les
propos.

Un jour, érigeant un index solennel, il ar-
ticula devant moi, cette déclaration : — Nous
sommes les Pères de l'Église anarchiste et
nous en promulguons les dogmes...

Ce pourquoi il fut vivement rabroué par
Jean Grave en ces termes : As-tu fini de poser
au Bon Dieu, espèce de défroqué !

Mais Martin n'en demeure pas moins con-

vaincu qu'il est un Apôtre, un Docteur —
presque un Prophète. Du reste, vivant, lui
aussi, dans un songe : lorsqu'il fut arrêté en
1894 et englobé dans le procès des Trente,
il ne parvenait pas à comprendre ce qu'on lui
reprochait.

— Mais je n'ai rien fait, disait-il, que me
veut-on ?...

Il fut acquitté.

Le matin d'avril où je trouvai mes deux
camarades en tête à tête comme je viens
de le décrire, j'avais été convoqué par Jean
Grave pour faire la connaissance d'Elisée
Reclus.

J'étais assez impatient de cette entrevue.
D'abord j'admirais beaucoup Reclus pour
cette œuvre magistrale : *la Géographie universelle* où la beauté du style met en valeur
une science de premier ordre. Ensuite, le sachant libertaire, je désirais fort l'entendre
parler sur la doctrine. Il me semblait que cette
puissante intelligence me fournirait de nouveaux motifs de propager l'Anarchisme.

En l'attendant, notre conversation fut sans
grand intérêt. Je me souviens pourtant que
Grave me reprocha de donner trop de temps
à la poésie. Il se croyait un esprit très positif,
tenait, disait-il, les vers pour un bruit agréable mais vain et m'exhortait à publier des

brochures en prose à l'usage des prolétaires.

— Je le ferai, dis-je, mais cela ne m'em-
pêchera pas de versifier, car, ô Jean Grave, je
chéris la Muse.

Il haussa les épaules ! — Ces poètes ! Tous
des enfants !...

Survint un certain M..., peintre, archi-
tecte, graveur, sculpteur, raté dans tous les
genres. Parce que la réalisation ne corres-
pondait pas à ses velléités d'art, il était devenu anarchiste et il dépensait une assez jolie
fortune à subventionner les compagnons. En
outre, il était borgne, ce qui l'empêchait de
voir la société d'un bon œil.

A ce propos, je noterai que, comme l'ont
remarqué tous ceux qui fréquentèrent les
Anarchistes, il y a parmi ceux-ci une forte
proportion de disgraciés de la nature. Les
uns clopinent sur des béquilles ; d'autres sont
bossus ou scrofuleux ; d'autres divaguent par
suite d'une cervelle atrophiée.

Ce sont ces éclopés qui montrent le plus de
virulence dans la haine. Incapables de résignation, ils considèrent leurs tares comme
une iniquité dont l'époque leur doit compte.
Dans les réunions, ils préconisent les mesures
les plus violentes.

C'est un spectacle lugubre et comique à la
fois que celui de ces valétudinaires poussant à

des « coups de force » qui demanderaient la vigueur d'une équipe d'athlètes.

M... ne manquait pas à cette règle. A peine entré, il parla de mixtures explosives dont il se proposait d'étudier les effets.

Je dois dire qu'il rencontrait peu d'écho dans la mansarde.

Jean Grave, perdu de chimères d'ordre spéculatif, ne suit qu'à regret les apologistes de la bombe et du poignard. Martin n'aurait pas donné une chiquenaude au propriétaire le plus implacable de Paris. Quant à moi, — je l'ai déjà dit mais je le répète, — j'avais l'horreur du sang versé, fût-ce pour des théories dont, alors, je n'arrivais pas à percevoir les conséquences meurtrières.

L'arrivée de Reclus rompit les propos sanguinaires que tenait M... — Le célèbre géographe était un homme de petite taille, à la barbe blanche, aux yeux bleus, très profonds et très doux. Un aimable sourire entr'ouvrait ses lèvres sur une denture intacte malgré l'âge.

Il eut pour chacun de nous quelques mots gracieux. Quand Grave m'eut présenté, il me complimenta sur des articles publiés récemment et où j'avais exposé la doctrine.

Ensuite nous descendîmes déjeuner chez un mastroquet de la rue Mouffetard. Végéta-

rien mitigé, Reclus mangea des œufs sur le
plat et quelques légumes ; il ne but que de
l'eau. Mais il ne fit nulle observation en nous
voyant absorber du saucisson, du gigot sai-
gnant et du vin au litre.

La conversation effleura d'abord des sujets
quelconques. Puis Grave, que préoccupait un
litige avec plusieurs compagnons, dit soudain à Reclus : — Il faut que je vous demande
votre avis. Vous savez que j'ai publié, dans
l'avant-dernier numéro de la *Révolte,* un article où, à propos des cambriolages de Pini, je
soutenais que, dans une société dont le dépouillement des pauvres par les riches constitue la raison d'être, les Anarchistes ne devaient pas voler, car, ce faisant, ils se condui-
saient comme des bourgeois... Là-dessus, on
m'a écrit des choses violentes. Certains m'ont
déclaré que la reprise individuelle constituait
un droit strict pour les Anarchistes et que
c'était un préjugé bêta qui m'aveuglait l'esprit. D'autres m'ont fait remarquer que Pini
avait employé le produit de ses cambriolages
à la propagande et à venir en aide aux familles
de ses camarades en prison... C'est vrai :
néanmoins j'ai envie de répondre que, voulant établir le règne de la justice dans le
monde, nous devons éviter l'injustice qui con-
siste à léser autrui, même si autrui est notre

adversaire. J'ajouterais ceci : les exploiteurs
de notre état social ignorent, pour la plupart,
que leur domination résulte d'une iniquité sociale et, par conséquent, ils ne sont pas responsables. Je terminerais en disant : instrui-
sons-les, apprenons-leur que les hommes sont
innocents, que les institutions seules sont
mauvaises et que quand l'humanité se sera
délivrée de ces instruments d'oppression : la
religion, la propriété, le militarisme, la famille, les lois, elle pourra développer sans effort ses instincts originairement bons dans le
communisme. Dites-moi si vous m'approuvez.

Cet exposé sommaire, ce décalque des rêveries de Rousseau constituait bien en effet le
programme des doctrinaires de l'Anarchie.
Aussi ne fus-je pas étonné quand Reclus répondit : — A mon sens, vous avez raison...
Non, continua-t-il — en fixant M... qui pro-
testait à la sourdine, — l'Anarchiste ne doit
ni tuer ni voler. Précurseurs d'une ère où les
hommes comprendront que pour être heureux
il leur importe d'éviter la violence, les Anarchistes ne rempliront leur mission que s'ils
donnent l'exemple des vertus qui régiront —
sans foi ni loi — la société future. Que recher-
chons-nous? L'équilibre entre les instincts
égoïstes et les instincts altruistes. Or nous devons, dès à présent, nous efforcer de l'établir

en nous et par conséquent éviter ce qui le rompait — à savoir, le dommage causé à autrui.

Grave marqua de la satisfaction. Moi aussi, car les meurtres et les vols auxquels maints libertaires donnaient un sens de juste revendication m'étaient des cauchemars qui troublaient mon beau rêve d'âge d'or dans le paradis terrestre de l'Anarchie.

Martin extatique murmura : — Aimonsnous les uns les autres !...

Pour M..., admirateur forcené de Ravachol et de Vaillant, il aurait volontiers protesté. Mais la déférence que lui inspirait, malgré tout, Reclus le retint.

Il n'y eut plus d'échangé que des phrases insignifiantes. Puis l'on se sépara. Depuis je n'ai revu Elisée Reclus qu'une seule fois, pendant quelques minutes, à Bourg-la-Reine où il habitait. Il m'avait prié de venir pour me charger d'une commission charitable qui n'avait rien à voir avec l'Anarchie...

J'ai tenu à rapporter intégralement cette conversation. Elle marque, je crois, un certain écart entre la génération des Reclus et des Kropotkine et celle des Carrouy, des Callemin et des Bonnot. Comment expliquer que les conceptions idylliques et humanitaires des premiers aient motivé les horreurs où se complurent les seconds ?

C'est ce que je vais essayer de montrer, en
examinant d'abord, pour cela, la génération
intermédiaire.

*
* *

Il n'est pas d'anarchiste qui ne se peigne
fortement, au dedans de soi, la société future
telle qu'il l'imagine. Il la voit toute belle,
toute pastorale, toute paisible dans une lumière douce qui pénètre jusqu'aux derniers
replis de son âme. Il s'hallucine à la considérer ; durant qu'il la possède par le rêve, il
oublie la réalité présente.

Or dès qu'il revient à lui, cette réalité l'assaille avec d'autant plus de violence qu'il en
avait perdu tout à fait la notion. Il voit les
hommes tels qu'ils sont le plus souvent : durs,
perfides, égoïstes, presque toujours occupés à
se nuire les uns aux autres. Il voit la souffrance tenailler l'univers. Comme il ne croit
pas, il ne peut admettre que cette loi de la
douleur soit inéluctable et voulue de Dieu
pour notre rachat. Le contraste entre le songe
enchanté où il se plongeait et cette guerre in-
cessante, cette lutte de tous les instants que
constitue la vie vraie lui devient trop douloureux, — si poignardant que son esprit s'égare
et que son attendrissement se tourne en fureur.

Ajoutez l'immense orgueil qui possède tous les Anarchistes. Imbus, pour la plupart, encore aujourd'hui, des théories surannées de l'évolution et du déterminisme, ils se considèrent comme les représentants les plus avancés, les plus complets de l'humanité en marche vers son perfectionnement.

Il se fait dans leur tête un étrange amalgame où les hypothèses de Darwin et les assertions frauduleuses de Haeckel se marient aux sophismes hégéliens de Bakounine et aux aphorismes de *la Morale sans obligation ni sanction* de Guyau. Ces théories deviennent pour eux une sorte de *Credo*. Comme beaucoup sont des autodidactes qui se bourrèrent de lectures abstraites, sans méthode, sans préparation ni direction, on imagine à quel point leur intelligence se fausse. Persuadés alors qu'ils détiennent la vérité absolue, imbus de science matérialiste jusqu'à la folie, ils en arrivent donc à se concevoir comme des êtres supérieurs ayant pour mission non de réformer mais de détruire. Et ils s'acharnent à saper les barrières que la société multiplia, par instinct de conservation et pour se garder de ses propres écarts. Ils les considèrent comme des obstacles à ce qu'ils nomment « l'expansion intégrale de l'individu » ; ils éprouvent une volupté intense à se croire des types d'humanité affranchie des préjugés qui entravent la marche du fétiche progrès.

L'un d'eux me disait : — Nos idées étant les plus récentes produites par l'évolution sont, par conséquent, les plus justes. C'est pourquoi elles doivent triompher.

Qu'il est représentatif aussi de l'état d'âme anarchiste, ce Raymond Callemin dit la Science qui, entre deux meurtres ou deux cambriolages, ne cessait de ressasser d'un ton impérieux et comme des axiomes irréfutables, les racontars hâtifs qu'il avait puisés dans les manuels de vulgarisation dont il faisait sa pâture quotidienne !

La raison de l'énergie stupéfiante que déploient la plupart des criminels anarchistes réside là : chimériques, ils gardent la vision permanente de l'idylle communiste qu'ils tiennent pour l'aboutissement paradisiaque de l'évolution humaine. Comme la réalité ne correspond pas à ce rêve, ils tentent de la supprimer dans la mesure de leurs moyens. Enfin l'orgueil, qui régit toutes leurs pensées et tous leurs actes, leur persuade qu'ils sont les héros précurseurs de la félicité future.

*
* *

Reclus, Kropotkine, hommes d'étude et de réflexion, demeurèrent des théoriciens. On a vu que le premier réprouvait la violence. S'il était imbu de l'illusion du progrès, il n'attendait que de la persuasion le triomphe de ses idées. Je ne serais pas loin d'admettre qu'à part soi, il éprouvait une certaine épouvante à constater la façon dont certains de ses disciples les mettaient en œuvre, s'en réclamaient pour jeter des bombes et donner des coups de poignard.

Car ceci démontre le danger de la doctrine anarchiste : à peine formulée par des savants authentiques puis répandue par des publications comme *la Révolte, le Libertaire, les Temps nouveaux* et une multitude de brochures à un sou, elle se manifesta par des atrocités.

« Sois mon frère ou je te tue », cette raillerie acérée que Rivarol décocha aux philanthropes à la Rousseau qui firent la Terreur, devint la devise de l'Anarchie.

Ainsi naquirent les Vaillant, les Emile Henry, les Caserio.

Toutefois il y a entre ces assassins et les bandits comme Bonnot et Garnier une différence capitale. Les premiers demeuraient de sombres idéalistes qui, tenant leurs attentats pour des « leçons de choses » données aux prolétaires, afin de les orienter vers la révolution sociale, n'eurent jamais la pensée d'en tirer un profit personnel.

Pleins d'un désintéressement farouche, ils croyaient travailler pour l'avenir — et rien de plus.

Les seconds, il semble bien qu'ils tuèrent et volèrent pour s'assurer des jouissances immédiates.

En résumé les théoriciens disaient : — l'humanité pourrait être heureuse par l'Anarchie. Leurs disciples immédiats tirèrent cette déduction : — l'humanité future sera heureuse par l'Anarchie et nous travaillerons à son bonheur en frappant la société actuelle. Les Garnier et les Bonnot conclurent : — Oui, frappons la société mais pour nous rendre d'abord heureux nous-mêmes en nous appliquant le butin que nous ferons sur elle.

En une trentaine d'années, on alla des utopistes aux bandits.

Ah ! cette recherche enragée d'un bonheur qui, même partiellement réalisé, ne peut être que transitoire, c'est elle qui cause la plus grande partie des égarements où la pauvre âme humaine tourbillonne, semblable à une feuille de novembre fouaillée par la bise !...

« Ici-bas, disait Balzac, il n'y a de complet que le malheur. » Mais les hommes ne veulent pas admettre cette vérité. Les plus aberrés d'entre eux poursuivent férocement ce bonheur qui les fuit. Niant Dieu, ils en viennent à verser le sang ; et alors qu'ils croyaient propager la vie, ils instaurent le culte de la mort...

*
* *

Parmi ces âmes tragiques, l'une des plus étranges fut celle d'Emile Henry. J'ai jadis rencontré, une fois ou deux, cet adolescent funèbre aux bureaux du journal l'*En-Dehors* qui eut son heure de vogue dans les milieux libertaires.

Le directeur en était un certain Charles G..., qui avait pris le bizarre pseudonyme de Zo d'Axa. Né d'une famille de bourgeoisie aisée que ses incartades consternaient, ce n'était, à proprement parler, ni un théoricien ni même un révolutionnaire de conviction, mais un fantaisiste qui éprouvait à souffler la révolte le même plaisir qu'un gamin des rues ressent à tirer des sonnettes et à casser des réverbères. Très lettré, doué d'un style mordant, il publiait des articles brefs où les gens du pouvoir et la magistrature recevaient force nasardes, chiquenaudes et croquignoles. Il tenait les bénéficiaires du régime pour des pantins inesthétiques qu'un homme de goût ne pouvait prendre au sérieux. Les larder de prestes épigrammes lui semblait un devoir strict auquel il s'en fût voulu de se dérober.

Avec cela portant beau, juponnier, promenant dans Paris son insolence à l'égard des mufles comme un panache et tirant l'épée pour un oui ou pour un non. — Il est peut-être allé trente fois sur le terrain.

Clemenceau, qui garde un penchant plus ou moins avoué pour tous les êtres de désordre, le surnomma, dans un article élogieux, « le mousquetaire de l'Anarchie ». L'appellation était assez exacte.

Les manifestations anarchistes lui parurent d'excellentes plaisanteries parce qu'elles semaient l'épouvante chez les propriétaires et les rentiers. Sa prédilection se portait particulièrement sur les bombes jetées par Ravachol. Aussi quand le bandit fut arrêté par les soins du garçon de café Lhérot, Zo d'Axa s'acharna sur les magistrats chargés de requérir contre lui : M. Cruppi et M. Quesnay de Beaurepaire furent spécialement bafoués.

Comme il fallait s'y attendre, les condamnations plurent sur le pamphlétaire. Or il ne se souciait pas du tout d'aller en prison.

Dépistant la police, lancée à ses trousses, il

gagne Londres. Mais comme il ne parle pas l'anglais, il s'y ennuie. Et il s'y ennuie d'autant plus que les compagnons réfugiés là-bas l'assomment par leurs querelles intestines, leur pédantisme et leur manque d'humour.

Il s'embarque pour la Hollande. A Rotterdam il trouve un chaland qui se préparait à remonter le Rhin jusqu'à Spire. Il persuade aux mariniers de le prendre avec eux. Et pendant une quinzaine de jours, il goûte le plaisir d'admirer de beaux paysages, nonchalamment étendu sur une bâche.

De Spire, il gagne à pied la Forêt-Noire puis la Suisse qu'il traverse en largeur. Il franchit les Alpes et arrive à Milan où il se propose de séjourner quelques semaines. Mais la police italienne se renseigne sur son compte et, très ombrageuse quant aux anarchistes, l'arrête. Il est question de le livrer aux autorités françaises. Mais il proteste, se démène, parvient à établir sa qualité de condamné politique. C'est bien : il ne sera pas rendu à la France mais, comme on le juge *indésirable*, expulsé sur l'heure. On lui met les menottes et deux carabiniers le conduisent à la frontière autrichienne.

De là, il file sur Trieste. Flânant au quai du port, il avise un paquebot en partance pour le Pirée.

— Tiens, se dit-il, si j'allais en Grèce !

Aussitôt fait que projeté. Il loue une cabine et se réjouit à la pensée de se réciter du Sophocle sur les lieux mêmes où le poète conçut ses drames.

Une tempête formidable assaille le navire à la sortie de l'Adriatique. Le vaisseau, cependant, tint bon et Zo d'Axa en est quitte pour un ample mal de mer.

Au débarqué, il s'aperçoit qu'il ne lui reste presque plus d'argent. Il écrit une lettre pathétique à sa famille, supplie qu'on lui adresse quelques fonds poste restante, et, en attendant la réponse, gagne Athènes d'un pied léger.

Là, comme il veut ménager ses derniers sous, et que la température est douce, il escalade l'Acropole et s'installe, pour passer les nuits, dans les ruines du Parthénon. Il se nourrit de pain, de figues et de pastèques arrosés d'eau claire et de quelque raki. Il se lie avec des officiers hellènes que sa verve émerveille et ahurit tour à tour.

L'argent arrive. Comme l'Attique n'a plus d'attraits pour Zo d'Axa, il prend le bateau pour Constantinople. Dans cette ville disparate il badaude au hasard, allant çà et là où le vent le pousse. Un jour il se faufile, sans savoir, dans des fortifications dont l'entrée est interdite au public. Un factionnaire lui enjoint de rétrograder. Il ne comprend pas l'injonction et poursuit sa promenade. Sur quoi, cri d'alarme, coup de fusil, vingt soldats, jaillis d'un poste voisin, à sa poursuite. Il se sauve éperdument et parvient à se dérober. Mais craignant les suites, et sachant la police hamidienne peu tendre aux révolutionnaires, il gagne, de nuit, la Corne d'Or et fait marché avec un caboteur italien qui, de Smyrne à Rhodes, de Rhodes à Beyrouth, le mène à Jaffa où il reprend terre.

Or les Ottomans avaient découvert son exode et, s'étant renseignés à Paris, invitèrent le consul de France à l'arrêter, en vertu des Capitulations, dès qu'il débarquerait.

C'est ce qui arrive. A peine sur le quai de Jaffa, il est empoigné par les *chaouchs* du consulat, interrogé sommairement par le consul puis enfermé dans une chambre, au rez-de-chaussée, qui ne contient qu'un lit de fer sans sommier ni matelas. Une lucarne exiguë l'éclaire.

La nuit vient. Zo d'Axa ne rêve que d'évasion. Il se hisse jusqu'à la lucarne, dans l'intention de se faufiler dehors. Hélas, elle est trop étroite pour qu'il passe. Alors il redescend, démantibule le lit et, s'armant d'une tringle qui formait l'un des montants, il tra-

vaille à élargir l'ouverture. La besogne est
malaisée car il lui faut s'efforcer de faire le
moins de bruit possible pour ne pas donner
l'alarme à ses gardiens. Enfin, au petit jour,
le trou est percé. Le prisonnier saute dehors
et s'enfuit sur la route de Jérusalem.

Mais il a été aperçu. Les *chaouchs* se mettent, en hurlant, à sa poursuite. Comme il a
quelque avance, il espère les dépister. Avi-
sant une sorte de bazar sur le bord de la
route, il s'y précipite et supplie le propriétaire de le cacher. Celui-ci — un Juif cligno-
tant et crasseux — l'examine un bon moment
puis lui demande : — Vous avoir de l'argent ?

Zo d'Axa n'en a point. Au moment de son
arrestation, on lui a enlevé tout ce qu'il portait sur lui.

Sur sa réponse négative, l'Israélite le
pousse dehors. Les *chaouchs* surviennent,
empoignent l'évadé, le garottent et le recon-
duisent, en triomphe, au consulat. Il y at-
tend neuf jours l'arrivée du bateau qui doit le
ramener en France.

Le paquebot en rade, il est transporté à
bord et enchaîné sur le pont. Au bout de
quarante-huit heures, le capitaine, qui l'a interrogé et que ses dires spirituels et goguenards séduisent, ne le jugeant guère dangereux, lui fait donner sa parole de ne pas ten-

ter d'évasion aux escales et lui enlève ses chaînes.

Au débarcadère, à Marseille, deux agents de la sûreté attendent Zo d'Axa, lui repassent les menottes et le conduisent à Paris. Il est enfermé à Sainte-Pélagie où il liquide les mois de prison auxquels il fut condamné.

Après sa sortie, l'existence lui devint difficile. Une tentative pour recommencer l'*En-Dehors* ne réussit pas. Il végétait, quand à l'époque de l'insurrection des Boxers, il parvint à se faire envoyer en Chine pour le compte d'un journal illustré.

Depuis, on n'eut aucune nouvelle de lui. Est-il mort? Est-il devenu l'oracle de quelque tribu mongole qu'il convertit à l'anarchie? Il y a là un mystère qui n'a jamais été éclairci...

On trouve chez les anarchistes pas mal de ces aventuriers sans grande conviction et qui travaillent à la révolution sociale simplement parce que le régime les agace et parce que, d'âme inquiète et vagabonde, ils sont incapables de s'enraciner ou de s'encadrer.

Zo d'Axa représente à merveille ces réfractaires par tempérament. C'est pourquoi j'ai cru intéressant de donner un croquis de son odyssée.

*
* *

Il venait beaucoup de monde à l'*En-De-hors* : c'était une sorte de tour de Babel où des nihilistes russes se coudoyaient avec des sans-travail, des fruits secs de l'Université, des syndicalistes, où maints *snobs* de la bourgeoisie riche fraternisaient avec maints poètes férus de symbolisme.

Comme le journal avait une réelle tenue littéraire, des écrivains, qui depuis ne se montrèrent nullement subversifs, y collaboraient. Je me souviens, entre autres, d'un article antimilitariste signé d'un académicien récent qui ne serait peut-être pas enchanté si l'on republiait ce péché de jeunesse.

Emile Henry fréquentait donc, ainsi que beaucoup d'autres, l'*En-Dehors*. Je crois même que, comme il était la plupart du temps sans domicile, Zo d'Axa le laissait coucher sur des tas de journaux.

L'assassin était de petite taille ; il avait les épaules étroites, les membres frêles ; la peau lui collait sur les os. Sa figure longue, au teint bilieux, se trouait de deux prunelles ardentes et sombres qui, sous des sourcils froncés, exprimaient une mélancolie farouche. Une barbe rare et mal plantée lui frisottait aux joues.

Il se tenait, d'habitude, assis dans un coin, sans jamais prendre part à la conversation. Tandis que fusaient, autour de lui, les paradoxes, les tirades ampoulées, les propositions saugrenues, il se tenait immobile, les bras croisés, promenant de l'un à l'autre des regards vindicatifs. Je ne lui ai vu manifester quelque sentiment que lorsque tel des interlocuteurs réprouvait « la progagande par le fait » (1).

Alors il haussait violemment les épaules, ses yeux flambaient et il marmottait entre ses dents : — Imbécile, couard, graine de bourgeois !...

Si l'on lui adressait la parole, il répondait par monosyllabes, semblait gêné, rompait tout de suite le propos en s'esquivant.

Sa destinée fut particulièrement malchanceuse. Il était le fils de Fortuné Henry, membre du Comité central, colonel de fédérés sous la Commune, fusillé, je crois, dans la cour de la caserne Lobau, lorsque les troupes du maréchal de Mac-Mahon reprirent Paris.

L'idée de venger son père le domina dès son enfance, quoique sa mère, personne fort douce et peu révolutionnaire, essayât pour

(1) On sait que cet euphémisme anarchiste signifie l'assassinat. De même, le vol, c'est « la reprise individuelle ».

l'apaiser. A l'instigation de cette brave femme, qui employait ses dernières ressources à lui faire faire des études complètes, il prépara, cependant, l'examen de Polytechnique. Fort intelligent, très laborieux, il avait bien des chances d'être admis.

Or il échoua faute de quelques points. A la maison, c'était la misère. Il s'aigrit, se révolta, refusa les emplois proposés par des amis de son père qui s'intéressaient à lui et se jeta furieusement dans l'Anarchie.

Comment vécut-il pendant plusieurs années? On n'en sait trop rien. Il fut l'une de ces mille épaves que l'océan parisien ballotte et qui presque toujours finissent par mourir d'épuisement dans un hôpital ou à l'infirmerie d'une prison.

C'était un concentré, une de ces âmes taciturnes que leur répugnance à s'épancher voue, presque fatalement, à l'idée fixe.

Et l'idée fixe chez lui ce fut de punir la société qui l'avait lésé, pensait-il, en supprimant son père puis en lui refusant la place dont son orgueil se jugeait digne. Pour la châtier, il décida de frapper les premiers venus, car, a-t-il dit devant les Assises, il *n'y a pas d'innocents* : ce sont tous ces résignés, tous ces endormis formant le plus grand nombre qui perpétuent le règne de l'injustice.

On sait comment il réalisa son épouvantable rêve. D'abord, il tenta de pénétrer, muni d'une bombe, un soir d'abonnement, dans la salle de l'Opéra. Comme il était en guenilles, on lui refusa l'entrée. Alors il gagna le café de l'hôtel Terminus, s'assit devant un bock, et tandis que les consommateurs fort nombreux écoutaient l'orchestre, il lança l'engin au milieu de la salle. Des hommes, des femmes, des enfants furent tués ou grièvement blessés.

Comme presque tous les assassins nourris de la doctrine anarchiste, Emile Henry était un solitaire. Il n'avait confié son affreux projet à personne. Le feu de haine qui le dévorait ne se manifesta au dehors que par quelques phrases sanguinaires. Mais les bavards et les scribes puérils de l'*En-Dehors*, le tenant pour un timide, ne l'auraient jamais cru capable d'un acte de violence. Aussi furent-ils stupéfaits en apprenant l'attentat du Terminus.

C'est ce silence, même à l'égard des compagnons, qui caractérise également l'assassin du président Carnot : Caserio. On sait qu'à Cette, où il fut garçon boulanger, les groupes libertaires ne le connaissaient pas. Il vivait à l'écart, muré dans son rêve homicide, s'empoisonnant le cerveau des livres et des brochures où les théoriciens de l'Anarchie divaguent avec prodigalité (1).

En ce temps-là, il n'y eut jamais complot entre les Anarchistes pour préparer des attentats. C'est ce que prouva, d'une façon irréfutable, le fiasco du procès des Trente. Les libertaires n'étaient pas sans savoir que la police entretenait parmi eux un certain nombre de mouchards et d'agents provocateurs. C'est pourquoi ils évitaient toute entente pour une action commune, de crainte d'une trahison.

Il n'y eut, à ma connaissance, qu'une exception à cette réserve. — Je ne dirai pas laquelle...

Mais le péril social n'est-il pas pire quand on songe que des âmes, plongées dans les ténèbres de l'orgueil et saturées de rêveries meurtrières, se tiennent à l'écart, en aiguisant leur couteau, en chargeant leur bombe, jusqu'à la minute où l'esprit de destruction qui les tourmente, les jette à travers le monde pour semer le deuil et la désolation ?

---

(1) La lecture de Victor Hugo fut aussi pour quelque chose dans la genèse de son crime. On sait qu'il se plaisait surtout aux *Châtiments* et qu'il avait appris par cœur le poème où le grand maître du romantisme pousse à l'assassinat de Napoléon III. Le vers : *Tu peux tuer cet homme avec tranquillité* fut particulièrement goûté de Caserio.

*
* *

Il y a pourtant une différence capitale entre ces possédés qui croyaient, par leurs actes, avancer le triomphe de l'Anarchie et les
scélérats du genre de Bonnot. Ces derniers,
malgré quelques déclarations révolutionnaires, apparaissent surtout comme des jouisseurs enclins à se procurer, par le meurtre
et le vol, les moyens de godailler. La doctrine anarchiste ne leur fut, semble-t-il,
qu'un prétexte pour justifier la satisfaction
de leurs appétits. Rompant tout lien moral,
elle leur enseigna surtout que leurs instincts
étant bons, ils pouvaient leur obéir sans scrupule.

Bonnot, pourvu de rentes, eût peut-être été
un bourgeois comme il y en a tant : engraissé
par l'usure ou les fraudes commerciales,
sournoisement hostile à l'Eglise, dur aux
pauvres et submergé d'égoïsme glacial jusque par-dessus la tête.

En résumé, l'on peut dire que l'Anarchie
constitue la manifestation la plus évidente
d'un mal qui contamine la société tout entière. Du jour où sous l'influence du fou ge-
nevois Rousseau, la Révolution décréta que
les hommes naissaient libres, étaient égaux
en droits et bons par nature, le désordre ré-

gna en France puis dans tout l'univers. L'individualisme fit de nous un peuple en poussière, un troupeau d'agités qui cherchèrent en vain à donner une forme stable aux pseudo-institutions qu'ils pensaient tirer de ces prémisses insensées. Le matérialisme, préconisé par les cent bouches d'une science qui se croit infaillible, acheva d'égarer les âmes.

Dieu voudra-t-il nous tirer du marécage où nous nous enlisons de plus en plus ?

Peut-être. — Mais si nous sommes ramenés au pied de la Croix salutaire, ce sera par des catastrophes et des souffrances au regard desquelles tous les maux que nous avons subis par notre faute, depuis plus d'un siècle, n'auront été, suivant le mot de Montaigne, que *verdures et pastourelles*.

CHAPITRE V

UNE SUPERSTITION

Une superstition ! il semble bien que ce soit le terme convenable pour désigner cette croyance, chère à tant de démocrates, qu'en encombrant les cervelles d'une foule de notions historiques, scientifiques et littéraires, on améliore l'humanité. Comme je l'ai rappelé, c'était là l'une des marottes de Victor Hugo. C'est également celle qu'agitent le plus volontiers nombre d'universitaires à qui l'habitude de vivre dans l'abstraction fit perdre le sens du réel.

Après la guerre de 1870, des gens nous disaient avec un grand sérieux : « C'est le maître d'école allemand qui a préparé les victoires de nos ennemis ; imitons-les, répandons à flots l'instruction et nous reprendrons l'Alsace-Lorraine. »

Un demi-siècle a passé ; on a établi l'instruction obligatoire ; les intelligences prolétaires et paysannes ont été triturées par de
zélés pédagogues. Résultat : non seulement
nous n'avons pas reconquis les provinces per-
dues, mais la diffusion des lumières n'a point
modifié la mentalité du grand nombre. Chez
beaucoup, rien ne persista de l'instruction
reçue à l'école. Pour preuve, l'examen qu'on
impose aux recrues à leur entrée dans les ré-
giments. On a publié plusieurs de ces inter-
rogatoires et l'on sait quelles réponses extraordinaires y furent faites. Neuf sur dix
ignorent les faits les plus importants de l'histoire contemporaine. Quant à la géographie,
quant à la morale, même quant à l'orthogra-
phe, — néant. Les enseignements des livres
et des maîtres avaient traversé ces têtes
comme l'eau traverse les mailles d'un crible
en n'y laissant qu'un résidu de vocables dé-
nués de sens.

Quelques-uns ont retenu un peu davantage. Mais comme on leur inculqua que jusqu'à la fin du dix-huitième siècle, la France
tâtonnait dans les ténèbres et gémissait, af-
freusement misérable, sous l'oppression des
rois et du clergé, comme on leur affirma que
la Révolution les avait émancipés, ils en ont
conclu qu'étant des hommes libres, ils ne

devaient tolérer aucun joug ; et ils ont couru au socialisme révolutionnaire comme le fer court à l'aimant.

N'y a-t-il point là une démonstration évidente de cette banqueroute de la science qui, parce qu'il la constatait, manqua de faire lapider Brunetière par la postérité des Jacobins ?

*
* *

Il y a quelque temps, je pensais à ces choses et je ne pouvais m'empêcher de sourire en me remémorant une chanson de café-concert en vogue vers 1875 et qui avait pour refrain ce distique :

> *Un peuple est fort quand il sait lire,*
> *Quand il sait lire, un peuple est grand !...*

Eh bien, me dis-je, maintenant le peuple français sait lire — ou à peu près. Est-il devenu plus fort ? Non, car il se traîne, comme un faible bétail, sous la houlette suspecte des parlementaires qui le dupent.

Est-il devenu grand ? Non, car une nation n'est point grande quand elle abandonne l'ambition de s'affirmer la première de toutes, sous prétexte d'humanitairerie. Ce qui semble bien être notre cas.

Sur ces entrefaites, je découvris, dans une

boîte de bouquiniste, la brochure d'un petit drame de M. Eugène Manuel intitulé : *les Ouvriers.*

Ah ! je vous certifie que ces vers n'avaient rien de commun avec les peintures brutales du naturalisme. Les ouvriers, dont ils narrent les faits et gestes, sont des êtres vertueux et sentimentaux ; et les discours prolixes où ils se dépensent sont amènes et pleins d'atticisme ; leurs actes édifieraient les moralistes les plus ombrageux. C'est doux, c'est idyllique, cela fait penser à des chromos enluminées de rose et de bleu d'après Florian. — Seulement je crois que les gas de Charonne et de la Villette ne s'y reconnaîtraient guère.

Et savez-vous pourquoi les ouvriers, tels que les imagina M. Manuel, sont si bons et si touchants ? C'est parce qu'ils savent lire. La conclusion du drame paraît être, en effet, celle-ci : prenez une brute, un fainéant, un saboteur, un partisan de *la chaussette à clous* et de *la machine à bosseler,* apprenez-lui l'alphabet : aussitôt, il deviendra le modèle de toutes les perfections.

Au surplus, voyons le sujet du drame. Marcel, ouvrier graveur, intellectuel et tout débordant de sentiments généreux, interrogé par son patron, explique comment il acquit tant de mérites. Et voici la façon dont il s'exprime :

Je dessine chez moi, je vais dans les musées,
Je suis les cours publics ; il s'en fait à foison !
J'apprends tant bien que mal à forger ma raison.
A quoi sert d'habiter une pareille ville
Si c'est pour y moisir comme une âme servile ?
Ma mère, en nos longs soirs d'entretiens sérieux,
Des choses de l'esprit m'a rendu curieux.
Puis on veut être utile, étant célibataire :
J'ai des Sociétés dont je suis secrétaire...

Ainsi ce cher garçon — qui sait lire — formé par une mère — qui savait lire — estime que pour un célibataire l'idéal c'est le secrétariat de plusieurs sociétés. Quelles sociétés ? On ne nous le dit pas. Mais étant donné le ton général de l'œuvre, ce doivent être des groupes d'enseignement mutuel. A moins qu'il ne s'agisse de quelqu'une de ces Universités populaires où d'effarants utopistes s'efforçaient jadis d'éduquer le peuple par le culte de la Beauté. Pour obtenir ce résultat, ils donnaient, rue Mouffetard ou avenue de Saint-Ouen, des conférences sur l'esthétique de Vinci et sur la prosodie de Baudelaire. On devine combien les cordonniers, les mécaniciens, les maçons qui assistaient à ces réunions devaient être intéressés et quels progrès gigantesques ils firent dans le chemin de la vertu !

Il y a encore autre chose dans la dernière phrase de cette tirade. A la manière dont elle est construite, on dirait que M. Manuel estime qu'il faut réserver les secrétariats de sociétés à des célibataires — et sans doute la présidence à des hommes mariés. A moins que le poète — cela semble ressortir aussi de l'inversion — n'ait voulu signifier que, seuls, les célibataires sont utiles à leurs frères d'humanité. L'assertion serait bizarre pour ne pas dire plus.

Poursuivons. L'interlocuteur de Marcel, tout ahuri de ces déclarations péremptoires, lui demande comment il en est venu là.

Et le graveur lui répond lyriquement :

> *... J'ai lu !*
> *Les mauvais et les bons, tous les livres ! Le pire*
> *Est encore un esprit qui parle et qui respire.*
> *La vérité d'ailleurs possède un tel pouvoir*
> *Que pour la reconnaître il suffit de la voir !...*

Pas possible ! Ainsi les mauvais livres peuvent faire autant de bien que les bons ? Quant à cette affirmation du pouvoir souverain de la vérité, elle déconcerte car une expérience archi-séculaire nous prouve que les hommes se laissent beaucoup plus souvent séduire par le mensonge et l'illusion que par le vrai, celui-ci fût-il aveuglant de clarté. Néanmoins il faudrait admettre, avec M. Manuel : 1° qu'il est aussi sain de lire des pornographies écrites en mauvais français que des traités de morale rédigés en un style attrayant ; 2° que la vérité — laquelle ? religieuse ? sociale ? scientifique ? il ne le dit pas — s'impose à tous, sans effort, dès qu'elle se révèle.

Je crains que M. Manuel ne soit un de ces optimistes *quand même* qui, persuadés — eux aussi ! — que l'homme naît bon, s'aveuglent, de parti pris, pour ne pas voir les défauts et les vices de notre pauvre nature...

Le nommé Marcel continue :

Aux livres je dois tout ; j'en ai là, sur ma planche,
Qui me font sans ennui passer tout mon dimanche !
Avec eux j'ai senti mon âme s'assainir ;
Ils m'ont donné la foi que j'ai dans l'avenir ;
Ma mère me l'a dit : l'ignorance est brutale,
Elle imprime au visage une marque fatale !
Au mal comme au carcan l'ignorant est rivé :
Mais quiconque sait lire est un homme sauvé.

On voudrait bien connaître le catalogue de cette bibliothèque qui produit tant de merveilles. M. Manuel ne nous le donne pas : c'est une lacune.

Ensuite cette mère ne porte-t-elle pas un jugement précipité en inculquant à son fils que l'ignorance marque d'un sceau farouche le visage des illettrés ?

J'ai connu naguère un vieux cultivateur
qui ne savait ni A ni B. Ce n'en était pas
moins un fort brave homme, incapable de
nuire au prochain et ne portant nul signe néfaste sur le front.

Quant à l'assertion qu'un homme qui sait
lire est sauvé, elle est, pour le moins... au-
dacieuse.

Citant ces vers, M. Jules Lemaître écrit
avec raison : « Il m'est tout à fait impossible
de souscrire à des maximes aussi imprudem-
ment confiantes... Les livres nous appren-
nent toutes les façons dont l'univers s'est re-
fiété dans l'esprit des hommes ; mais ils ne
nous apportent la solution de rien. S'il s'agit
de morale (et c'est, en effet, ici et ailleurs, la
grande préoccupation de M. Manuel), il me
paraît inutile, sinon dangereux, de connaître
les innombrables et contradictoires explications que d'autres hommes ont données du
monde et de la vie humaine. J'ai beaucoup
vécu avec les simples et les ignorants. Et certes quelques-uns n'étaient que des brutes,
quelquefois méchantes. Mais ceux qui étaient
bons l'étaient divinement. Et ils étaient ainsi
en vertu d'une conception de l'univers extrê-
mement rudimentaire mais ferme et assurée,
et que tout autre livre que le catéchisme et
l'Evangile n'aurait pu qu'obscurcir et alté-

rer. Car les livres ne sont pas la vérité. Ils
sont la recherche, ils sont la critique. Ce
qu'ils semblent parfois nous apporter de
bonté, nous l'avions en nous. J'ai constaté
par des expériences répétées que les paysans
munis de certificats d'études ne valaient pas
leurs pères « illettrés », pour parler comme
les statistiques... Un ouvrier comme Marcel,
qui va au hasard, qui ne comprend pas tout
et qui n'a pas le temps de faire le tour des
livres, j'ai grand'peur que pour peu qu'il
sorte de Jules Verne et du *Magasin pittores-
que,* l'abus de la lecture ne lui soit un danger.
Car que la vérité possède un tel pouvoir qu'il
suffise de la voir pour la reconnaître, rien
n'est moins sûr, hélas ! Je sais trop bien ce
que Marcel doit lire de préférence. Et si encore il n'y avait que les livres. Mais il y a les
journaux. Je connais les votes de Marcel, ouvrier de Paris, et je vois qu'ils sont absurdes,
bien qu'ils partent peut-être d'un sentiment
généreux. Ce que Marcel a puisé dans ses livres, c'est d'abord l'horreur des traditions et
des disciplines héritées. Puis ce sont des
idées générales que leur simplicité théorique
lui fait croire aisément réalisables. C'est l'oubli de l'infinie complexité des choses et des
dures et inéluctables conditions où se développe la vie sociale. C'est à la fois une huma-

nitairerie idyllique et intolérante. Marcel,
ouvrier graveur, et qui a lu, doit être plein
de chimères et farouche, violent même, pour
les défendre. Il peut, avec cela, être le meilleur garçon du monde, le plus honnête, le
plus désintéressé. Mais j'ai grand'peine à
croire à la sagesse impeccable que M. Manuel
lui attribue... »

On ne saurait mieux dire.

Continuons l'exposé du drame. Marcel,
ayant prêché son patron, aligne sur sa table
des pots de fleurs et des bouquets. Car c'est la
fête de sa mère — qui sait lire, qui lui donna
le goût de la lecture. — Ce pourquoi il l'appelle « la sainte ».

Oh ! ce n'est pas qu'elle aille à la messe ni
qu'elle prie. M. Manuel — qui est, je crois,
israélite — ne préconise point la pratique religieuse. Non cette mère fut et demeure une
lectrice intrépide, ce qui fait qu'elle possède
toutes les vertus. Que la recette est donc commode : voici une femme du peuple ; vous l'é-
cartez de l'Eglise, puis vous lui faites lire les
volumes de trente-deux bibliothèques munici-
pales. Résultat : une sainte.

Survient la fiancée de Marcel. C'est une
vertueuse ouvrière — puisqu'elle sait lire —
qui nourrit de son travail son petit frère et sa
petite sœur. Son patron, un monsieur Morin,

qui a été son bienfaiteur, doit venir, le jour même, voir la mère de Marcel afin de conclure le mariage.

Les deux amoureux échangent des propos anodins que résume ce dire de Marcel :

La beauté de la femme est l'œuvre du mari.

Le vers est un peu obscur. Mais je suppose que Marcel veut assurer à Hélène qu'il ne lui déformera pas le visage à coups de poings comme le ferait peut-être un ouvrier qui n'aurait pas appris à lire.

Hélène se retire. Puis rentre la maman toute troublée. Elle confie à son fils un secret qu'elle lui avait caché jusqu'alors. Elle n'est pas veuve, comme il le croyait. Son mari l'a quittée, il y a vingt ans. Mais elle ne veut pas dire le motif de cet abandon. Or elle vient de rencontrer dans la rue un homme qui lui ressemble. Si c'était lui !

Justement le voilà qui entre, ce personnage mystérieux. — C'est M. Morin, le patron d'Hélène... et c'est aussi le mari de « la sainte ». Reconnaissance mutuelle, explications, exclamations, bref une de ces scènes lacrymatoires comme il s'en confectionne à l'usage des drames pédagogiques.

Morin s'accuse et se repent. Il fut jadis un

ivrogne fieffé. Un soir, dans un accès de rage
alcoolique, il a frappé Jeanne de deux coups
de couteau puis a pris la fuite.

Pourquoi donc a-t-il voulu assassiner sa
femme et pourquoi aussi fréquentait-il les
mastroquets ?

Parce qu'il ne savait pas lire. — C'est lui-
même qui nous l'apprend :

Je n'ai jamais connu le chemin de l'école !

L'école laïque, bien entendu. Car d'école
congréganiste il ne saurait être question.
M. Manuel la tient probablement pour pire
que le comptoir des marchands de vins.

Mme Morin guérit de ses blessures à l'hôpital. Héroïque — elle avait lu tant de livres !
— elle résista aux suggestions de la misère,
trouva du travail, éleva son fils dans l'amour
des abécédaires, puis des manuels de vulgarisation, et fit de lui le secrétaire de sociétés
vertueuses que nous savons.

Quant à Morin, il avait éprouvé des re-
mords ; d'ivrogne et de paresseux qu'il était,
il devint sobre et travailleur. De ce moment,
il prospéra, s'enrichit et s'améliora de plus
en plus. Aujourd'hui le voici commerçant à
son aise et, en outre, philanthrope.

Comment s'opéra cette transformation ?...

Oh ! c'est très simple : dans l'intervalle, Morin avait appris à lire.

Effusions, réconciliation, embrassades, pluie de larmes heureuses. Hélène paraît. Morin père et mère donnent leur bénédiction aux jeunes fiancés. Apothéose, feux de Bengale. Tirade finale où Morin recommande aux spectateurs de lire jour et nuit pour devenir vertueux. La toile tombe tandis que l'orchestre joue : *Où peut-on être mieux qu'au sein de sa famille — quand on sait lire...*

*
* *

Si je me suis étendu sur ce petit drame où l'extravagance de la pensée s'exprime en des vers d'une désolante platitude, c'est parce qu'il me semble fort représentatif d'un état d'esprit tout à fait baroque.

Quoi donc, voilà des gens cultivés, des universitaires, comme M. Manuel, qui devraient avoir appris, par la seule expérience, que ce n'est point en suralimentant l'âme humaine de notions hétéroclites, et parfois d'une exactitude contestable, sur l'histoire, la morale, la biologie, les littératures et les arts, qu'on la rend meilleure.

Que non pas : imbus des sophismes promulgués par la Révolution, persuadés, — en bons matérialistes — que l'homme est un animal perfectible, convaincus qu'un prolétaire formé par l'école laïque et, par conséquent, républicain est fort supérieur à tout individu formé par l'Eglise et muni de convictions monarchiques, ils vivent, comme dit Charles Maurras, dans les nuées. Ils ont imaginé un citoyen idéal que la pratique de la liberté, de l'égalité, de la fraternité et la vulgarisation de là science doivent rendre apte à évoluer vers la perfection. Cette chimère leur déforme le jugement au point qu'ils perdent, je le répète, tout sens du réel. C'est en vain que la vie leur donne des leçons brutales. C'est en vain que les systèmes philosophiques, qui s'efforcent d'expliquer l'univers et d'organiser cette barbarie industrielle, prise par la plupart de nos contemporains pour une civilisation, font faillite les uns après les autres. C'est en vain que les riches deviennent de plus en plus durs et les pauvres de plus en plus haineux. C'est en vain que l'alcoolisme prospère, que les crimes se multiplient, que les fous pullulent. Peu leur importe : ils errent dans leurs ténèbres en répétant avec obstination : l'homme est bon ; le Progrès nous inspire et nous guide vers d'éblouissantes destinées. Demain, nous serons tous des dieux !...

L'Eglise de Jésus-Christ les avertit sans cesse qu'ils courent à des catastrophes. Elle leur montre la Croix qui scintille dans la nuit où ils vaguent parmi l'or, parmi la boue, les larmes et le sang.

Constante dans la foi, immuable dans l'espérance, infatigable dans la charité, elle s'efforce de les éclairer.

Mais pour ne point l'entendre, ils hurlent des blasphèmes. Ou bien, tristes fous ignorant que l'Eglise *ne peut pas périr,* ils se ruent contre elle avec l'espoir qu'en la tuant, ils aboliront leur conscience.

L'Eglise essuie sa face couverte de fange. Avec une douceur inflexible elle poursuit sa mission de rachat universel. Quand cette société vermoulue, moisie, minée par plus d'un siècle de métaphysique aberrante, s'écroulera sous les coups des fils de ceux qui crurent l'édifier à la gloire d'une humanité sans Dieu, l'Eglise sera là pour tout reconstruire et pour tout purifier...

CHAPITRE VI

CHEZ LES PAYSANS

Au chapitre précédent je constatais combien l'instruction donnée à tort et à travers, comme on le fait aujourd'hui, laissait peu de traces dans des cerveaux qui, très évidemment, ne sont pas faits pour se l'assimiler.

L'expérience le prouve en ce qui concerne un grand nombre d'ouvriers des villes. Elle le démontre d'une façon encore plus frappante à ceux qui vivent d'habitude avec les paysans.

Quand je dis vivre avec eux, je n'entends point par là s'installer dans une de ces bicoques, d'architecture extravagante, que les commerçants retirés baptisent, sur plaque de marbre noir, *Mes Loisirs* ou *Mon Repos*. Ceux-là ne se frottent à l'homme des campagnes que pour lui acheter des légumes ou, tout au plus, en temps d'élection, pour briguer un siège au conseil municipal.

D'ailleurs, le paysan ne se livre pas facilement. Il se méfie du citadin ; il le considère un peu comme un être d'une autre race dont les intérêts ne sauraient être analogues aux siens. Il se demande ce que cet intrus vient faire au village et il le soupçonne fort souvent de viser à lui ravir la terre — ce sol nourricier, producteur d'écus, vers lequel se tournent toutes ses ambitions, tous ses désirs, tous ses espoirs et tous ses rêves.

Si après avoir espionné longuement le nouveau venu et analysé, avec plus ou moins d'exactitude, ses allures et ses mœurs, il s'aperçoit qu'on n'en veut point à son patrimoine, alors il se rassérène. Tout en restant sur la défensive, il laisse parfois l'observateur pénétrer dans son âme obscure et il révèle, sans le vouloir, quelques-uns des mobiles fort simples qui déterminent les actes essentiels de son existence.

Encore cette demi-confiance demeure-t-elle fort relative, prompte à s'effaroucher. Au moindre propos, à la moindre démarche mal interprétés, il se retire comme un escargot dans sa coquille de prudence héréditaire vis-à-vis de l'étranger.

Donc, pour arriver à connaître le paysan,

il faut vivre de sa vie, près de lui, comme lui quant au domicile et aux habitudes et, par surcroît, ne montrer aucune velléité d'acquérir de la terre dans le pays.

C'est ce que j'ai fait pendant plusieurs années, d'abord vers Lagny, dans un village dont le terroir était limité par de vastes domaines appartenant à des Juifs considérables; ensuite, dans un village situé en lisière de la forêt de Fontainebleau. Ici la population se composait, par moitiés environ, de producteurs d'asperges et de bûcherons exploitant, pour la boulangerie et les poteaux de télégraphe, les plantations de pins du bornage. Là, l'on cultivait la betterave et le blé.

Dans l'un et l'autre endroit, j'occupais une petite maison dont les deux ou trois pièces carrelées, blanchies à la chaux, meublées d'une façon très sommaire, s'encombraient, comme il sied, d'une quantité de livres.

Le premier de ces villages s'appelle Guermantes. Le second porte le nom d'Arbonne ; il acquit quelque notoriété après que j'eus publié *Du Diable à Dieu*.

Ce sont les notes prises sur le vif à cette époque qui me servent pour établir que l'instruction, à programme diffus, telle qu'on la mixture dans les écoles laïques, non seulement ne modifie pas les mentalités paysan-

nes, mais encore ne laisse aux campagnards
que le souvenir d'une contrainte extrême et
d'un labeur pénible dont ils ne retirèrent aucun profit. Car demander à un paysan de se
passionner pour des abstractions, d'acquérir
une science dont il ne saisira pas l'applica-
tion immédiate et *tangible,* c'est enfouir des
grains de café torréfiés dans du sable, avec le
fol espoir qu'ils finiront par germer.

A très peu d'exceptions près, le paysan ne
lit pas sinon quelque feuille du chef-lieu où
il ne s'intéresse guère qu'aux nouvelles et
aux faits divers locaux. Il lit aussi quelquefois l'almanach pour y rechercher les dates
des foires qui se tiennent aux environs. Enfin, comme je pense le démontrer par des
exemples *vécus,* ce que nous appelons effort
intellectuel, sentiment de l'idéal, sens de la
beauté lui échappent de la façon la plus absolue.

Faut-il le regretter? Point du tout. Son
intelligence, étroite mais fort lucide en ce
qui regarde sa fonction de cultivateur ou
d'appropriateur aux besoins de tous des
biens de la terre, se passe aisément d'art et
de science. Il a fallu la folie d'égalité qui possède la démocratie pour qu'on imaginât de
lui fourrer dans la tête un tas de notions
dont il n'aura jamais l'usage, et de le dégui-

ser en membre conscient du peuple souverain.

* *
*

Voici maintenant quelques-uns des faits
qui m'ont permis de *voir* les paysans tels
qu'ils sont et non tels que se les figurent les
fabricants de chimères qui déforment la société française depuis plus de cent ans.

A Guermantes, en été, j'avais coutume de
placer mon bureau contre la fenêtre large ouverte. Comme la chambre où je travaillais
était au rez-de-chaussée, l'on me voyait de la
route qui traverse le village.

J'écrivais, je compulsais des volumes ;
parfois je levais les yeux pour savourer le
paysage qui s'étendait devant moi. De grands
noyers murmurants, un vieux sycomore, où
bruissait un peuple d'abeilles, bordaient le
chemin. Ils m'enveloppaient d'une musique
ondoyante dont le rythme m'était propice
pour la cadence de mes phrases.

Par delà ces arbres, il y avait un verger en
pente jalonné de pommiers dont les fruits
luisaient, dans le feuillage sombre, comme
des boules de corail. L'herbe s'étoilait de
scabieuses mauves et de renoncules couleur
d'or. Une venelle ombragée d'aubépines des-
cendait vers un mince ruisseau qui jasait sous

les cressons et les bardanes. C'était un de ces coins de nature fins, modérés, paisibles, comme il y en a tant dans notre chère Ile-de-France.

Etant fort pris par la rédaction de mes livres et des articles qu'il me fallait livrer à date fixe, je demeurais cloué des journées entières à mon bureau — ce que pouvaient constater les passants.

Or, le soir venu, il m'arrivait d'aller rendre visite à l'un de mes voisins, un ressemeleur de chaussures chez qui se réunissaient parfois, pour la veillée, quelques notables du pays.

Une fois que j'avais noirci du papier pendant neuf heures presque consécutives, à peine entré, je me laissai tomber sur une chaise en m'écriant : Ah ! que je suis fatigué !

Un éclat de rire général répondit à mon exclamation.

— Eh bien, repris-je, qu'y a-t-il de risible à cela ?... Je travaille depuis ce matin.

Alors, l'adjoint au maire, un vieux paysan, dont la face toute rasée se plissait de mille rides malicieuses, déclara : — Vous ne pouvez guère être las : vous passez tout votre temps assis à votre fenêtre. Nous autres qui trimons aux champs, j'voudrions bien être à votre place.

Les autres approuvèrent.

Je fus d'abord un peu interloqué. Puis je saisis que, pour ces simples, la production intellectuelle ne représentait rien de raisonnable. C'est une amusette d'oisif qui ne sait à quoi employer ses mains. Ils ne comprennent que l'effort musculaire ou tout au plus des travaux d'ordre utilitaire tels que l'arpentage, le tracé d'une route par un ingénieur des ponts et chaussées, les calculs d'un entrepreneur de bâtisses. Mais l'art, la littérature : lettre close pour eux. En outre, il leur est impossible de concevoir que le rude labeur de l'écrivain puisse fatiguer autant et plus que le labourage ou la fumure d'un champ.

J'eus d'abord une velléité d'expliquer à ce brave homme que la plume était parfois aussi lourde à manier que la pioche ; mais ayant acquis quelque expérience touchant le peu de cas que les campagnard font de tout ce qui ne concerne pas directement la terre, je m'abstins de protester.

Si j'avais tenté une démonstration du travail épuisant qu'implique le métier de littérateur pratiqué avec amour et ténacité, peut-être par une vague déférence à l'égard « du monsieur qui lit dans les livres », mon interlocuteur aurait-il feint d'admettre mes argu-

ments. Mais tenez pour assuré qu'à part soi,
il n'aurait cessé de me considérer comme
un... *feignant.*

*
* *

J'eus lieu, en une autre occasion, de vérifier la tournure d'esprit purement utilitaire
du paysan.

Il y avait, à l'extrémité ouest du village,
un délicieux château, bâti sous Louis XIII et
qu'entourait un grand parc, dessiné, dans le
style grandiose des jardins de Versailles, par
Le Nôtre lui-même.

Ce domaine appartenait au baron de L...,
qui, fort éprouvé dans sa fortune par le *krach*
de l'Union générale, le laissait à l'abandon
et n'y résidait que rarement.

J'avais obtenu du gardien de la propriété
la permission de me promener dans le parc
et il m'arrivait assez souvent d'errer, à pas
rêveurs, dans ces avenues envahies par la
mousse et les herbes folles.

Un jour, j'y pénétrai au crépuscule. — Le
soleil venait de disparaître; mais une large
lueur de pourpre ardente et d'or en fusion
magnifiait encore les collines occidentales, se
glissait à travers les antiques charmilles dont
personne n'élaguait plus, depuis longtemps,
les branches, et venait s'étaler en nappes fau-

ves sur les boulingrins foisonnant de prêles et d'orties, sur les bassins dont l'eau dormante prenait des tons de topaze trouble et d'aigue-marine enfumée. Des taillis inextricables l'ombre montait déjà. Tout était silence, vétusté, désolation poignante. La mélancolie de l'heure et la beauté funèbre de ce parc, où les vestiges d'un passé magnifique achevaient de s'effacer sous les ronces, me parlaient si fort à l'âme que je m'adossai au fût d'un peuplier à demi-mort pour mieux en goûter la solennelle tristesse.

Comme je m'absorbais de la sorte, j'entendis marcher dans un sentier qui rejoignait, entre de vieux ifs, l'avenue où je m'étais attardé. Presque aussitôt, un homme déboucha près de moi.

— Tiens, me dit-il, c'est vous... Je croyais bien, à cette heure, qu'il n'y avait personne ici.

— Et vous, qu'y faites-vous? demandai-je.

— Oh! je viens de la ferme, là au bout... J'ai été porter des boutures au fermier qui me les avait demandées.

Je le reconnus malgré l'obscurité croissante; c'était un des plus violents amoureux de la terre que possédât le village. Son idée fixe : agrandir son bien. Qu'une parcelle

10

quelconque fût mise en vente, il accourait
muni d'écus âprement épargnés à force de
privations. Et il entrait dans de sournoises
fureurs quand les agents des Juifs truffés
d'or du voisinage l'emportaient sur lui par
d'écrasantes surenchères.

Je ne sais quel absurde désir de lui faire
partager mon émotion me traversa l'esprit. Je
me mis à lui vanter la lumière agonisante à
l'horizon, la majesté des vieux arbres, la
grâce fantômale des parterres conquis par les
fleurs sauvages, les lointains noyés de brume
bleuâtre. Il m'écoutait d'un air surpris, avec
un pli goguenard aux lèvres. Je me tus, me
rappelant soudain que les paysans ne *voient
pas la nature* et que, par conséquent, mon
lyrisme tombait dans le vide. Il me dit alors :
— J'comprends point ce que vous trouvez de
beau dans tout cela : des charmes qui pour-
rissent sur pied, des mares d'eau sale, des
carrés où ne pousse plus que de la *foirolle,* ça
fait pitié. — Ah ! si on ne devrait pas, nous
autres de Guermantes, rafler tous ces hectares
perdus pour les remettre en valeur !... Ça serait mieux à nous qu'au baron. Nous y plan-
terions des pommes de terre et ça rapporte-
rait au moins... Tandis que maintenant...

Il eut un geste coupant qui rasait les futaies et il ajouta : La cognée dans tout cela !

Le voyant excité, je voulus en profiter pour découvrir jusqu'où allait sa pensée. Je lui dis : — Mais à supposer que le baron mette le domaine en vente comme on en parle, vous savez bien que Rothschild, qui le guette, vous le chiperait.

Il rougit ; un éclair de rage lui passa dans les prunelles : — Oh ! celui-là, gronda-t-il, or devrait...

— On devrait quoi ?

— Rien, reprit-il et il serra les dents, ressaisi par la prudence coutumière à sa classe.

Mais il avait révélé sa convoitise et son visage revêtit pendant quelques secondes une expression féroce. D'évaluer toute cette terre culte le mettait hors de lui. Je sentis que le feu des anciennes Jacqueries rougeoyait toujours au fond de l'âme paysanne.

J'en conclus qu'on peut, sans exagération, avancer que l'homme de la campagne se tient, d'une façon plus ou moins confuse, pour le maître légitime du sol et qu'il regarde comme un usurpateur — à chasser, à détruire, le cas échéant — quiconque lui en ravit des lambeaux dans un but d'agrément.

***

Ne demandez pas non plus au paysan de goûter la poésie de son terroir sous quelque forme que ce soit. Ni les jeux de la lumière et de l'ombre dans les frondaisons épaisses, ni les moires argentées qui frissonnent sur les champs d'avoine, ni l'éclat des coquelicots et des bleuets parmi les blés mûrissants ne l'émeuvent. S'il regarde le ciel au lever ou au coucher du soleil, ce n'est que pour en tirer des pronostics sur le temps qu'il va faire et jamais pour en admirer les nuances. Bien plus, tels épisodes des saisons qui nous ravissent le gênent et l'irritent.

En voici un exemple : je le cite parce que, sous une forme comique, il démontre fort bien à quel point le paysan est réfractaire à la sensation de beauté.

A Guermantes, le pays était plein de rossignols qui, d'avril à juin, chantaient sans repos. C'était un enchantement, surtout par les nuits d'étoiles ou de pleine lune. Des roulades cristallines, de longues notes tenues jusqu'à perte de souffle montaient dans l'ombre transparente, fusaient en gerbes harmonieuses à travers le grand silence de la campagne assoupie.

Un jour de printemps, de bon matin, j'étais

au travail, la fenêtre ouverte, comme d'habitude, lorsque j'entendis dialoguer sur la
route, tout près de ma maison. Je me penchai
et je reconnus le père Butelot, cantonnier, qui
interpellait François, le garde champêtre, en
ces termes :

— Qué que t'as, Françouès ? Te v'là les
yeux gros et la figure rabougrie comme si
t'avais pas dormi.

— Ben non, mon vieux, répondit l'autre,
j'ai pas dormi. Tu sais, devant chez moi, il y
a un gros hêtre ben touffu. Il y a un cochon
de rossignol qui s'est installé dedans et qui
n'a fait que gueuler toute la nuit. Je ne pouvais pas fermer l'œil. A la fin, je me suis
levé, j'ai pris une perche et j'ai tapé dans les
feuilles pour qu'il se taise... Ah bien oui, ce
salaud, il a clos son bec pendant quelques
minutes ; mais quand je me suis recouché il
a recommencé plus fort comme pour se gaus-
ser de moi... Faudra que je le guette et que
je lui flanque un coup de fusil...

Cette façon d'apprécier le chant du rossignol me parut si cocasse que je fus pris de fou
rire. Je me montrai dans l'embrasure : —
Quoi donc, dis-je, mon pauvre François, cela
vous ennuie quand les rossignols *gueulent?*...

Il me regarda d'un air offensé : — Bien sûr
qu'ils m'embêtent... Et il n'y a pas de quoi

rire et vous payer ma tête. Ces oiseaux-là, c'est une vraie vermine. Je vous demande un peu s'ils ne devraient pas dormir comme tout le monde?

Il eût été fort inutile de prêcher au garde champêtre l'admiration de cette mélodie nocturne. Je me retirai donc sans insister. Mais je notai tout de suite la diatribe de François — certain qu'elle me servirait un jour ou l'autre.

— O Heine, ô Shelley, ô Banville, ô lyriques éperdus qui dans le rossignol saluiez un frère en passionnée poésie, que pensez-vous de ce Caliban?...

*
* *

Une autre fois, j'eus l'occasion de constater combien l'esprit concret, positif du paysan répugnait à toute action désintéressée — même impliqua-t-elle de l'héroïsme.

La traduction du voyage de Nansen au pôle nord venait de paraître. Je l'avais dévorée et je me sentais tout vibrant d'enthousiasme pour le tranquille courage de ce Norvégien qui, avec un seul compagnon, avait affronté les ténèbres glacées des régions boréales, subi sans sourciller des fatigues inouïes, bravé des dangers formidables et avancé, plus que quiconque à cette époque, vers le point mystérieux où se rencontrent tous les méridiens du globe.

J'étais si rempli des exploits de Nansen que le soir, à la veillée, je ne pus m'empêcher d'en parler. Il y avait là, entre autres, Butelot, son fils, garçon de charrue, Gendret, betteravier cossu, deux ou trois femmes qui tricotaient ou reprisaient du linge, et parmi celles-ci la mère Fortuné, une octogénaire éleveuse de lapins et pleine de malice.

Tous m'écoutèrent avec assez d'intérêt, à peu près comme si je leur avais conté quelque histoire fabuleuse.

Quand j'eus terminé le récit du merveilleux voyage, Gendret demanda : — A quoi que cela lui a servi d'aller là-bas ?

— Mais, répondis-je, à découvrir des régions inexplorées et à préciser, ce qu'on soupçonnait seulement, à savoir que les abords du pôle forment un désert où il n'y a que de la neige et de la glace.

— Point de culture, alors ?

— Mais non, puisque c'est une mer qui ne dégèle jamais complètement.

— Ben, qu'est-ce que ça lui a rapporté, alors ?

— De la gloire.

Mes auditeurs se regardèrent avec stupé-

faction et semblèrent se demander si je ne les
mystifiais point. De la gloire? De la gloire?
De la gloire? Le mot ne signifiait rien pour
eux. La mère Fortuné résuma l'opinion générale.

— C't'homme-là, dit-elle, ça devait être
un fou de se donner tant de mal pour rien.

Les autres approuvèrent en hochant la
tête. Et je vis que moi aussi j'étais jugé un
insensé du même acabit que Nansen puisque
je m'emballais pour des exploits dont ne ré-
sultait aucun sac d'écus.

Ici se marque une différence notable entre
le paysan et l'ouvrier — surtout l'ouvrier parisien. Celui-ci prise l'esprit d'aventure. Il
comprend, jusqu'à un certain point, le dévouement et l'abnégation. Il est même capable de se sacrifier à un idéal, de souffrir pour
une cause.

Le paysan, presque jamais. Puis toute curiosité qui n'a point rapport à son existence
quotidienne lui demeure étrangère.

Pour preuve : Guermantes n'est qu'à une
trentaine de kilomètres de Paris ; les commu-
nications sont aisées. Eh bien, lors de l'Ex-
position de 1900, une grande partie des gens
du village ne se dérangea pas pour la visiter.
Cela leur était tellement égal !

Bien plus, il y avait cinq ou six vieillards,

comme Butelot père, qui n'étaient jamais allés plus loin que Lagny. Leur terroir leur suffisait et ils n'éprouvaient pas le besoin d'en sortir.

*
* *

Voyons aussi ce qui reste dans leur esprit de l'instruction reçue à l'école. Je pourrais multiplier les exemples. Deux me suffiront.

Je sortais pour une promenade dans la campagne quand le bruit d'une discussion m'arrêta. Arthur, fils aîné de la mère Fortuné, un haut gaillard d'un mètre quatre-vingts, qui avait été charretier quelque temps à la ville et qui s'y était dégourdi, interpellait le jeune Butelot. Celui-ci, âgé de seize ans, l'écoutait, tête basse, un pli d'obstination au front, et opposait des dénégations opiniâtres à tous les arguments de l'autre.

Arthur m'aperçut : — Venez donc, Monsieur Retté, me cria-t-il, voilà un mulet qui ne veut pas croire que la terre tourne sur elle-même et autour du soleil. Vous devriez lui expliquer la chose... Moi, j'y perds ma peine.

— Non, dit énergiquement Butelot, elle ne tourne pas, sans quoi on la verrait remuer. Et elle ne marche pas non plus autour du soleil. Est-ce que je ne vois pas le soleil sortir du bas du ciel, monter jusqu'à midi et descendre, le soir, de l'autre côté : c'est donc lui qui marche. La terre, elle bouge pas... Soutenir le contraire, c'est une menterie.

— Mais Butelot, dis-je, est-ce que l'on ne vous a pas appris les mouvements de la terre à l'école ? Il n'y a pas si longtemps que vous y étiez encore et vous ne devez pas avoir oublié les enseignements du maître.

— Sûrement, reprit Arthur, on l'apprend à l'école. Quoique j'aie tout à l'heure trente ans, moi je m'en souviens.

— Ah ! s'écria Butelot, le maître, il pouvait bien nous raconter tout ce qu'il voulait, n'est-ce pas ? On n'était pas forcé de le croire et puis ensuite est-ce qu'on saisit quelque chose dans tous les mots longs d'un kilomètre qu'il emploie ?... Moi, je m'en tiens à ce que je vois...

Et désignant l'astre qui flamboyait dans un ciel sans nuages, il ajouta : — Tenez, le soleil, il y a une minute, il était là, maintenant il est plus haut. Donc, c'est lui qui marche : je veux rien savoir d'autre...

J'essayai de lui exposer, en termes aussi simples que possible, les lois de la gravitation. Il m'écouta sans m'interrompre, mais il ne se rendit pas. Il me fut évident qu'il ne me croyait pas plus qu'il n'avait cru le maître d'école.

Je le laissai donc avec Arthur qui, très fier d'être assuré que la terre tourne, le criblait de quolibets.

Il eût été par trop ardu d'expliquer à ce partisan de l'apparence que nos sens ne sont pas les meilleurs guides pour nous rendre compte des phénomènes cosmiques. Et qu'aurait-il dit si je lui avais servi la déclaration de M. Henri Poincaré qui nous apprend que la certitude scientifique n'existe pas, que la théorie de la gravitation se base sur une hypothèse invérifiable et que « même les mathématiques n'offrent, en somme, que des formules conventionnelles sans valeur objective quelconque » ?

Eh bien, me dis-je en m'en allant, voilà, une fois de plus, avérée, la banqueroute de la science. Non seulement cette magicienne est incapable de créer la certitude par le raisonnement, mais encore elle échoue à inculquer au jeune Butelot l'acte de foi qui s'impose à l'origine de toute démonstration.

Nous autres, catholiques, nous possédons du moins cette supériorité d'admettre que tout est mystère en nous, autour de nous et de croire qu'au fond de ce mystère, il y a Dieu...

L'autre fait, que je veux citer, a rapport à l'histoire de France et ne me semble pas moins significatif.

On sait qu'au programme de l'école primaire, la Révolution tient une place capitale.
On s'attache surtout à persuader aux enfants
que la période qui précéda cette époque mémo-
rable fut un temps de barbarie, d'obscuran-
tisme et de souffrance où le peuple se composait de faibles agneaux dévorés par les bêtes
féroces de la noblesse et du clergé.

Il serait donc logique que les faits mar-
quants de la Révolution demeurassent gravés
dans la mémoire de ceux à qui on les fit apprendre avec tant de parti pris.

Or il n'en est rien. Les enquêtes instituées
à ce sujet ont prouvé d'une façon surabon-
dante que là encore l'enseignement laïque
tombe en déconfiture.

Le facteur rural, qui desservait la commune, m'apporta une lettre recommandée.
C'était un jeune homme d'environ vingt-six
ans, d'esprit très éveillé.

Je signai sur son registre et je datai. Le ca-
lendrier indiquait le dix août.

— Tiens, remarquai-je, le dix août, c'est
une date fameuse. Vous qui êtes un républicain zélé, elle doit vous rappeler des souvenirs glorieux.

Le facteur ouvrit de grands yeux : il ne
saisissait pas du tout ce à quoi je faisais allusion.

— Mais oui, voyons, le 10 août 1792, la prise des Tuileries par le peuple, le renversement de la royauté : à l'école, vous avez appris cela.

Il balbutia : — Peut-être bien ; je n'ai pas souvenance.

Alors l'idée me vint de lui faire passer une sorte d'examen. Je l'interrogeai sur l'abandon des privilèges, sur le procès de Louis XVI, sur la Terreur, sur Valmy, Jemmapes, Fleurus, sur le 18 Brumaire.

Il ne savait plus rien sauf en ce qui concerne Bonaparte.

— C'était, me dit-il, un général qui remporta des victoires et qu'on a fait empereur.

— Mais quelles victoires ?

Il réfléchit un moment : — Solférino, répondit-il enfin.

Puis, agacé parce que j'insistais, lui demandant s'il ne lui arrivait jamais de lire quelque livre d'histoire, il s'écria : — Est-ce que vous croyez que j'ai le temps ? Toute la journée je trime sur la route et, le soir, je suis si fatigué que je m'endors aussitôt que j'ai soupé. Des fois, les jours de repos, je vais au café faire une manille.

— Vous avez bien raison : dix heures de bon sommeil vous sont plus profitables que deux heures passées sur quelque bouquin ci-

vique qui, je vous en donne ma parole, ne
vous fourrerait dans la tête que des calembre-
daines. Et la manille vous est plus salutaire
que la méditation des « immortels principes ».

— Ça, c'est bien vrai, répondit-il en ava-
lant à ma santé le verre de vin que je lui of-
frais...

Le bon sens et l'expérience commande-
raient d'apprendre seulement au paysan à
lire, à écrire, à calculer. Avec quelques notions de la géographie de son pays et quelques
préceptes d'hygiène, c'est tout ce qu'il lui
faudrait (1). Tandis qu'en lui matagraboli-
sant la cervelle de sciences variées, on le fait
souffrir tant qu'il fréquente l'école. Un sur
cent garde quelque chose de cette culture sot-
tement intensive. Les autres oublient tout dès
qu'ils ne sont plus sous la férule du péda-
gogue.

Alors à quoi bon les tourmenter ?

*
* *

Ai-je voulu, en exposant quelques-unes des

---

(1) Il y aurait aussi la morale, et ce devrait être l'affaire du curé. Mais nos dirigeants *éclairés* ne veulent
pas du prêtre. — Et pourtant, quelle faillite encore que
celle de la morale laïque !

caractéristiques de l'âme paysanne, déprécier les hommes de la terre ?

Pas le moins du monde. Le paysan garde des qualités et des vertus qui — bien dirigées — constitueraient une réserve d'énergie pour la France. Mais notre société en désordre ne sait plus lui assurer les conditions qui lui permettraient de remplir normalement sa fonction de producteur.

Every man in his humour, disait le vieux Ben Jonson : chacun dans son caractère, chacun à sa place. Or le propre de la démocratie égalitaire c'est d'inculquer à chacun l'idée qu'il pourrait lui être profitable d'abandonner la place hiérarchique que lui assignent son hérédité, ses facultés et le bien général. Nous pullulons de danseurs qui se croient calculateurs, de sauteurs qui se prennent pour des hommes politiques.

Le paysan n'a pas échappé à cette inquiétude. Aussi, à mesure que les générations formées par le régime se succèdent, les campagnes se dépeuplent. Tel jeune campagnard qui jadis serait demeuré aux champs, n'aurait jamais eu le désir de s'en éloigner, s'empresse, après son service militaire, de courir dans les grandes villes où il se déprave, s'alcoolise, végète misérablement.

Il faut dire aussi que ce qui contribue à

cette désertion, ce sont les conditions déplorables dans lesquelles se trouve la propriété rurale. On l'écrase d'impôts, surtout en matière de succession. M. Méline, dans un discours récent, signalait quelques-unes des iniquités du fisc. Il cite des exemples extraordinaires : 41 immeubles estimés par le fisc 1.200.000 francs ont été vendus 585.000 francs et les héritiers ont payé des droits qu'ils ne devaient pas sur 680.000 francs, ce qui « les avait majorés, sur certains immeubles, de 600 % ». Dans un autre cas, étudié avec grand soin, l'actif successoral encaissé par plusieurs centaines d'héritiers ne dépassait pas 12 millions ; l'administration l'estima 21 millions. Les héritiers ont donc dû payer des droits sur une somme de 9 millions qu'ils n'avaient pas touchés.

« Qu'on s'étonne après cela, conclut M. Méline, que les capitaux se détournent de la terre et refusent de s'enfouir dans un placement qui, en quelques années, si plusieurs décès viennent à se produire dans une même famille, se volatilise complètement au profit du fisc et ne laisse plus aux malheureux héritiers que les yeux pour pleurer. On se lamente sur la désertion des campagnes et l'on ne veut pas comprendre l'état d'esprit de ces fils d'agriculteurs, témoins ou victimes de l'effondrement du patrimoine familial, fruit des labeurs de plusieurs générations. Ils partent pour la ville, la mort dans l'âme et plus jamais l'idée ne leur viendra de mettre leurs petites économies dans la terre. »

Oui, à la campagne comme ailleurs, la République a tout ravagé au profit des Allemands plus ou moins naturalisés, des métèques, des juifs et des francs-maçons. Il faut que notre pays possède une vitalité transcendante pour n'avoir pas déjà succombé sous les suçoirs de tant de parasites.

Toutefois, il importe d'aviser à remettre les choses dans l'ordre : ce sera la besogne du Maître que tout le monde appelle, sauf les quelques idéalistes troubles qui croient encore aux bienfaits de la démocratie...

*
* *

Pour terminer, je voudrais esquisser trois figures de paysans que j'ai rencontrés et qui faisaient exception à la règle du positivisme terre-à-terre. Ils furent mes amis.

Le premier, je le connus à Guermantes. De profession apparente, c'était un jardinier qui travaillait, pendant la belle saison, pour les bourgeois en villégiature. Mais, il faut bien le dire, son occupation favorite consistait à

11

braconner sur les domaines regorgeants de
gibier des Rothschild et des Péreire qui infes-
tent le département de Seine-et-Marne. Par
le plomb, par les collets, par des pièges divers il détruisait force lièvres, faisans, per-
dreaux, à la consternation des gardes qui jamais ne réussirent à le prendre sur le fait.

D'ailleurs, c'était la chasse pour elle-même
qui le passionnait, car il ne consommait pas
son butin. Il le cédait à des marchands de co-
mestibles ; et du produit de la vente, il s'a-
chetait du plomb, de la poudre et des vête-
ments.

Avec cela, c'était un grand rêveur. Ne bu-
vant pas, ne godaillant d'aucune façon, aimant beaucoup son accorte jeune femme, il
passait des heures à méditer ou à songer devant quelques-uns des paysages exquis dont
Guermantes s'environne. Celui-là *voyait* la
nature et il la comprenait selon la poésie la
plus intense.

Un soir de juillet, tout tiède encore des ar-
deurs d'une journée caniculaire, il était
étendu près de moi, dans l'herbe du verger
que j'ai décrit plus haut. Il faut dire que nous
étions très bien ensemble depuis qu'il m'avait
évoqué, en des termes colorés à miracle, certains aspects des sous-bois rothschildiens au
petit jour.

Un calme immense régnait sur la campagne. Le ciel, d'un bleu foncé, pareil à un
dôme soyeux, fourmillait d'étoiles et la voie
lactée y déployait, tout au large, son écharpe
de lumière phosphorescente. Les arbres dor-
maient, immobiles. Pas un bruit, sauf par
instants, le chevrotement plaintif d'une hu-
lotte. Le parfum des cent roses-thé fleurissant
le grand rosier qui tapissait, en espalier, la
façade de ma maison, imprégnait l'atmosphère.

La face tournée vers le firmament, Jacques,
— c'était le nom de mon ami, — absorbait la
belle nuit odorante et radieuse par toutes les
puissances de son être. Et moi de même.

Ainsi nous contemplions en silence depuis
près de deux heures lorsque Jacques se mit
soudain sur le côté, me prit la main et me dit
d'une voix toute tressaillante d'une émotion
magnifique : — *Quand je regarde trop longtemps les étoiles, j'ai envie de mourir !*...

Je frissonnai d'admiration. En effet, quelle
phrase sublime ! Du premier coup, ce simple,
cet illettré avait formulé le sentiment de l'infini. Nommez le poète, le philosophe qui auraient pu mieux dire ?

Je me gardai bien d'affaiblir par une glose
oiseuse la splendeur de ce cri. Quiconque a
senti son âme s'épanouir dans l'ombre et

monter aux étoiles le comprendra sans plus...

Le second de mes amis, je l'ai connu dans la forêt de Fontainebleau. Après avoir essayé de plusieurs métiers : garde particulier, garçon d'hôtel, employé de tramway, il était devenu, vers la trentaine, l'un des cinq ou six tâcherons qui entretiennent les sentiers tracés par feu Colinet à travers les futaies et les rochers de la grande sylve. C'était là sa vraie vocation : vivre sous les arbres lui était devenu si nécessaire que même les jours de repos, il délaissait la ville pour des longues promenades dans les combes et les gorges les plus secrètes — celles où l'on est sûr de ne point rencontrer ces touristes insupportables qui troublent, par leurs criailleries et leurs remarques saugrenues, le recueillement des frondaisons mystérieuses.

Je l'avais maintes fois rencontré et nous étions devenus fort amis, car je n'avais pas tardé à découvrir qu'il aimait la forêt autant que je le faisais moi-même.

La dernière fois que je le vis, c'était dans un fond de la vallée de la Sole où les vieux chênes et les hêtres chenus enlacent leurs branches pour former une voûte pleine d'ombre sacrée et de murmures solennels. Un mince sentier serpente sous la colonnade des fûts énormes et se laisse à peine deviner parmi les fougères arborescentes qui le couvrent de leurs palmes.

La solitude grandiose de ce site prend le cœur des amoureux de la forêt. Ils s'y plaisent si fort qu'ils n'en voudraient jamais sortir.

Et c'était bien le sentiment qui tenait mon ami ; en effet, lorsque je le découvris accoudé à une roche moussue, il me dit, les yeux pleins de rêve et sans autre préambule : — Ah qu'on est heureux ici ! N'est-ce pas, Monsieur, que les arbres valent mieux à fréquenter que les hommes ?

— C'est mon avis, répondis-je, je l'ai même écrit dans plusieurs de mes livres, au grand scandale de quelques personnes qui n'admettent pas qu'on préfère la chanson des feuillages aux propos fastidieux où elles dispersent leur âme rudimentaire...

Nous allâmes, côte à côte, par les ravins touffus, par les rochers aux profils fabuleux, jusqu'à la nuit tombée. Nous ne disions pas grand'chose : — parfois mon compagnon me désignait une éclaircie où les rayons du soleil déclinant teignaient de rose les troncs blanchâtres des bouleaux ; parfois il souriait d'extase à ouïr les longs accords mélancoliques que le vent du soir détachait de ces grandes lyres frémissantes : les pins et les mélèzes. Et j'admirais combien ce pauvre paysan, sans

instruction, s'était affiné au contact de la nature sylvestre jusqu'à développer en lui à ce
point le sens du beau dont Dieu l'avait gra-
tifié...

Le troisième exemple d'une âme admirable
m'a été fourni par un paysan des Landes en
pèlerinage à Lourdes. Baigneur à la piscine,
j'eus l'occasion de m'occuper de lui pendant
plusieurs jours. J'ai dit ailleurs quelle leçon
d'abnégation il nous donna. Je ne puis mieux
faire que de reproduire mon récit.

« Ce brave homme, âgé d'une cinquantaine
d'années, était paralysé au point de ne pouvoir remuer un seul membre. De plus, des
plaies affreuses lui couvraient tout le corps,
dégageant une odeur fétide. Comme il ne
pouvait ni bouger, ni s'aider lui-même, nous
étions obligés de nous mettre à six pour l'é-
tendre sur une planche et le plonger dans
l'eau. Bien que nous prenions toutes les pré-
cautions possibles, chaque mouvement lui
était une souffrance. Mais il témoignait d'une
patience et d'une piété qui nous l'avaient fait
prendre en affection.

« Trois jours de suite il fut baigné sans aucun résultat. Sa foi n'en fut pas ébranlée : au
contraire il semblait que les déceptions l'a-
vivassent.

« La veille du jour où le pèlerinage devait

repartir, il obtint de passer la nuit en prière à la Grotte, en compagnie du jeune brancardier qui s'occupait plus particulièrement de lui.

« Le lendemain, il vint à la piscine comme d'habitude. Baigné une dernière fois, il sortit de l'eau toujours inerte. Cependant sa figure recueillie ne marquait nul découragement : une sérénité religieuse lui emplissait les prunelles. Nous nous empressions autour de lui et nous lui rappelions qu'il arrive souvent que la Sainte Vierge guérisse de retour chez eux les malades qu'elle ne favorisa pas d'un miracle à la piscine.

« Alors il nous dit : — Non, je sens que je ne guérirai pas. D'ailleurs j'ai demandé, cette nuit, à la Sainte Vierge qu'elle me laisse mes maux et qu'elle les accepte pour le rachat des péchés de ma paroisse dont la plupart des habitants ne croient pas. Et j'ai senti qu'Elle m'exauçait. Ne me plaignez pas : je suis très heureux.

« Nous demeurâmes dans l'admiration à écouter cet humble qui, par son abnégation magnifique, s'égalait presque aux grandes victimes volontaires de la loi de substitution : sainte Lydwine, la sœur Catherine Emmerich, d'autres encore... (1). »

(1) *Un séjour à Lourdes*, deuxième partie : impressions d'un brancardier, pages 193-194.

*
* *

Encore un coup, de telles âmes sont excep-
tionnelles. Pour le plus grand nombre, les
paysans ne se haussent pas jusque-là.

Toutefois, hier, pour les élever au-dessus
d'eux-mêmes, ils avaient la foi. Le catéchisme, les sacrements, l'influence et l'autorité du prêtre allumaient un peu d'idéal dans
ces âmes asservies au lucre et à la sensualité
grossière.

Aujourd'hui, la franc-maçonnerie qui nous
opprime a pris à tâche de leur enlever cette
lumière. Aussi qu'arrive-t-il? Les nouvelles
générations se bestialisent de plus en plus.
Les églises villageoises tombent en ruines.
Le prêtre, en maints endroits, à peine toléré,
se heurte à l'indifférence goguenarde des
neuf-dixièmes de ses paroissiens. La France
s'enlise dans un marécage où flotte le cadavre
de ses croyances séculaires. Et les âmes, oiseaux sans ailes, dépérissent dans l'atmosphère de matérialisme qui les enveloppe.

Seigneur, quand donc viendra la délivrance?...

CHAPITRE VII

UNE ÉLECTION DANS LES HAUTES-PYRÉNÉES

Dans n'importe quelle province de France, une élection, au suffrage universel, c'est toujours une farce abondante en péripéties bouffonnes. Si l'on y assiste comme spectateur désintéressé, cela fournit déjà pas mal de documents sur les motifs qui influencent le « peuple souverain » dans le choix de ses mandataires. Mais si l'on pénètre dans les coulisses, si l'on met la main aux ficelles qui font gigoter celui-ci et gambader celui-là, si l'on vérifie quels sales cartonnages doublent les décors pompeux que les turlupins de la politique parlementaire offrent à l'admiration badaude des électeurs, on ne garde guère d'illusion sur la portée de cette parade.

Le rideau tombé, les bouts de papier extraits du pot suspect où ils s'entassent, on

éprouve un sentiment complexe. Recensant
les cabrioles des candidats, l'on a envie de
rire. Récapitulant les clapotis bourbeux de ça
« matière électorale », on a envie de pleurer.

Ah ! qui veut conserver de l'optimisme touchant la nature humaine fera bien de ne pas
se fourvoyer dans une aventure de ce genre...

Cette guigne m'advint et, par surcroît, ce
fut dans les Hautes-Pyrénées, c'est-à-dire
dans une contrée où la politique purement ali-
mentaire se manifeste sans aucun voile.

Je n'y allais pas de gaîté de cœur. Venu à
Lourdes pour prier et pour écrire un volume
sous la protection immédiate de l'Immaculée
qui rayonne à la Grotte, je ne me sentais nullement enclin à prendre parti pour l'un quelconque des individus baroques qui sollicitaient
les suffrages des montagnards.

Mais des personnes, dont je respecte le caractère et les intentions, m'affirmèrent que
l'intérêt de l'Eglise était en jeu et qu'il importait beaucoup de la servir en cette occasion.

Je n'en fus jamais fort convaincu d'autant
que je tiens le suffrage universel pour une
des inventions les plus ineptes et les plus mal-
faisantes à la fois de la démocratie.

— Pourtant, me dis-je, ne fût-ce que pour
récolter des exemples à l'appui de mon opinion, il n'y a pas grand inconvénient à étudier

de près la façon dont se pratique cette burlesque cuisine.

Ce sont donc quelques-unes des notes prises au cours d'une campagne électorale dans l'arrondissement d'Argelès, en 1910, que je développe ci-dessous.

*
* *

Ah ! que l'on était tranquille à Lourdes, en ce mois de février qui précéda l'élection. La petite ville rendue à sa somnolence coutumière, en attendant la période des grands pèlerinages, menait son train-train monotone. La température était si douce qu'il n'était presque jamais besoin d'allumer de feu. Les sommets neigeux des montagnes se découpaient sur un ciel presque toujours clair. Les nuées opiniâtres qui versaient alors des torrents de pluie sur le reste de la France passaient loin de nous. A la Grotte, on était une demi-douzaine au plus pour prier. Les oraisons montaient paisiblement vers la Dame de Bon Conseil avec la flamme des cierges et mêlaient leur murmure au cantique tumultueux du Gave.

Mes journées coulaient heureuses : la messe et la communion de chaque jour, la rédaction de mon livre : *Sous l'Etoile du Matin*, de longues stations aux pieds de la Mère de miséricorde ; parfois une ascension au Jers, au Béou, à l'ermitage de Saint-Savin, vers Cauterets ou Gavarni. Assez rudes ces escalades, mais si fécondes en images splendides ! Car les Pyrénées sont plus grandioses en hiver qu'en n'importe quelle saison.

Dans la seconde quinzaine du mois, cette retraite studieuse, ce recueillement sanctifié commencèrent à être troublés.

Un matin débarqua de Paris un personnage du nom de Renaud ; il ambitionnait de remplacer dans l'arrondissement le député sortant qui ne se représentait pas.

Il dirigeait le *Soleil,* journal royaliste qui eut de la valeur à l'époque où Charles Maurras et d'autres lettrés y écrivaient. Sous ce Renaud, il avait fort dégringolé. Il acheva de perdre toute influence quand l'*Action française* se fonda.

Le *manager* actuel du *Soleil* éclipsé espérait peut-être, s'il se faisait élire, donner un regain de vogue à sa feuille. Peut-être d'autres calculs s'ajoutaient-ils à celui-là. En tout cas, ses chances de réussite étaient fort problématiques car nul ne le connaissait dans la région. De plus, son étiquette de royaliste devait plutôt le desservir étant donné que les paysans, portés, comme ailleurs, à se soumet-

tre au parti qui tient le pouvoir, gardaient,
en leur tréfonds, de la tendresse pour l'Empire.

Ce n'étaient pas les qualités personnelles
qui pouvaient l'aider à surmonter ces diffi-
cultés. Esprit étroit et d'une culture moins
que médiocre, dépourvu d'éloquence, vani-
teux jusqu'au ridicule, cassant et désagréa-
ble, si infatué de son propre jugement qu'il
rejetait, sans examen, tout avis contrariant
ses préjugés et ses parti-pris, voilà succincte-
ment son portrait au moral. Son physique ne
rachetait pas ces défauts : le poil jaunâtre, la
figure anguleuse, tiraillée de tics nerveux,
les yeux bleu-trouble entre des paupières rouges, un long corps mal bâti, une démarche
en soubresauts, une voix tantôt criarde, tantôt engloutie dans des cavernes sans écho —
bref, l'ensemble le plus déplaisant qui se
puisse concevoir.

Il débuta par une maladresse en s'abou-
chant avec une vaste barbe, rédactrice à Lourdes, depuis quelques années, d'un papier hebdomadaire qui s'était donné pour tâche à peu
près unique de fronder, sans répit, tous les
faits, gestes, pas, démarches et discours de
l'Evêque. — Cela, bien entendu, au nom d'un
catholicisme épuré.

Quelques gens de bon sens donnèrent à

M. Renaud, des conseils judicieux sur sa candidature éventuelle. Ceux qui connaissaient le pays l'avertirent qu'ici — comme malheureusement dans toute la France — les catholiques étaient fort divisés sur le terrain politique et qu'il serait ardu de les unir, ainsi qu'il en témoignait l'intention.

Mais lui, sans les écouter : — J'ai un plan infaillible, déclara-t-il.

Puis il reprit le train et l'on n'entendit plus parler de lui jusqu'à la fin de mars.

Sur ces entrefaites, un autre candidat fit son apparition. Celui-là c'était un agréable zéro, un tel néant qu'au regard de lui la nullité prétentieuse de Renaud offrait presque une certaine consistance.

C'était M. Paul Dupuy, fils cadet de Jean Dupuy, pour lors ministre de je ne sais plus quoi et sénateur de la région.

Il avait vingt-six ans. On dit que sa jeunesse s'était dépensée en godailles excessives et que son papa, las de remplir un panier constamment percé, lui avait donné à choisir entre un conseil judiciaire et un siège de député.

Je ne sais si la chose est exacte. Mais ce qu'il y a de certain, c'est que Paul Dupuy était incapable de prononcer trois phrases de suite sans bafouiller. On lui fit apprendre par

cœur un vague discours qu'il débita, tant bien
que mal, dans toutes les réunions. Inter-
rompu, interrogé, il se mettait à rire, puis reprenait tranquillement sa phrase à l'endroit
où l'on lui avait coupé la parole.

Au physique, l'aspect d'un petit jeune
homme bien pommadé, l'élégance du premier
commis d'un grand bazar dans une ville de
province.

Mais il avait pour lui, outre ce père très
riche et très influent parmi la radicaille, la
franc-maçonnerie, les sillonistes, l'administration, tous les faméliques qui guettaient
quelques reliefs de l'assiette au beurre, et un
agent électoral très expert dans l'art d'ex-
traire de l'urne une tête de bois, une savate,
un pantin à ressort — bref n'importe quel
outil commode à manier pour les meneurs du
Bloc.

Tels étaient les adversaires en présence.
Nous allons maintenant les voir à l'œuvre (1).

Je ne puis ni ne veux tout dire des dessous
de cette élection. Je me contenterai d'en montrer le côté anecdotique. Et je crois que cela
sera suffisant pour renseigner les personnes

(1) Il y avait aussi parmi les tenants de Paul Dupuy
un certain nombre de libéraux tremblants qui se figu-
raient que s'ils marquaient de l'hostilité au régime, la
Maçonnerie en profiterait pour faire interdire les pèlerinages. Erreur totale, comme on le verra.

— de plus en plus nombreuses — qui commencent à prendre en dégoût tout régime basé sur le principe du suffrage universel..

*
* *

Le décor représente la grand'place d'Argelès, un jour de marché. Comme il a plu toute la nuit précédente, une boue épaisse, où se mêlent force détritus et fragments de légumes, enduit le pavé rocailleux. Des montagnards coiffés du béret pyrénéen, des Espagnols couleur de pain d'épices, venus des villages de l'autre versant, s'interpellent en un patois rude dont il est impossible de comprendre un mot. Des attelages de bœufs, traînant des chariots aux roues massives, encombrent la chaussée. De petits cochons roses, tachés de noir, vaguent en liberté, grognent belliqueusement contre qui les bouscule, fouillent la fange d'un groin avide. Des vieilles femmes, juchées à califourchon sur des mulets ou des ânes, poussent des cris suraigus pour qu'on les laisse passer.

A travers cette foule, nous sommes trois qui escortons le déplorable Renaud, venu là pour faire de la popularité. Nous arpentons la place de long en large et notre candidat se disloque le bras à saluer jusqu'à terre tous ceux que nous croisons.

Un peu plus loin, Paul Dupuy, flanqué de son état-major, se livre au même exercice.

Il paraît que cette démonstration a pour but de prouver aux électeurs combien on les révère et quel cas énorme on fait de leur suffrage. Et puis cette expression d'humble gratitude, ce sourire servile si, par hasard, un passant, ahuri par les salamalecs de ce monsieur si poli, qu'il voit pour la première fois, rend le salut !

Mais la plupart gardent le béret enfoncé jusqu'aux oreilles. Ils lancent des regards méfiants et semblent assez peu se soucier d'entrer en relations avec le solliciteur qui tourne autour d'eux, la bouche débordante de phrases mielleuses et de promesses mirifiques !

Je ne puis m'empêcher de dire à Renaud :
— Je crois que vous perdez votre peine et que vous usez en vain le bord de votre chapeau. Nous aurions dû amener un trombone et un tambour ; à force de roulements et de couacs, ils auraient piqué la curiosité de ces braves gens. Nous aurions fait former le cercle ; vous vous seriez mis au milieu et vous y auriez été de votre boniment. Voulez-vous que je me mette en quête de musiciens ?

12

Renaud, qui n'entend pas du tout la plaisanterie, me rabroue d'un ton sec. Je rengaîne ma proposition et je me contente de suivre en silence. Cependant je ne puis m'empêcher de penser à part moi que le métier de candidat implique pas mal de bassesses et que jamais, sans doute, le despote le plus babylonien n'obtint de ses courtisans les marques de plat dévouement que les quémandeurs de votes prodiguent à leur idole d'un jour : le Peuple souverain.

Puis le souvenir me vient d'une parade du même acabit à laquelle j'assistai à Fontainebleau lors d'une précédente élection. Je suivais l'avenue du chemin de fer lorsque je vis un groupe de deux ou trois personnes qui marchaient devant moi. C'était M. Ouvré, candidat, qui, escorté de ses acolytes, sonnait à toutes les portes sans en passer une seule. Au domestique ou à la bonne venus ouvrir, il glissait sa carte cornée en demandant, d'une voix câline, qu'on la remît avec ses compliments très chauds, au maître de la maison. Ensuite il ployait l'échine devant le serviteur ébahi par toutes ces politesses, et poursuivait le cours de ses exercices.

— Il faut admettre, me dis-je, que, dans les Pyrénées comme en Seine-et-Marne, l'électeur aime à être flagorné. Tous les quatre

ans, il goûte, pendant quelques semaines, la
volupté de tenir à sa merci une sorte de men-
diant qu'il peut lanterner, brusquer, bafouer
sans en recevoir autre chose que des sourires
approbateurs et des témoignages de soumission. Il est vrai qu'une fois l'élection terminée, ce sera son tour de s'évertuer à conquérir
la bienveillance de son représentant dans la
parlote méphitique qui tient ses assises au Pa-
lais-Bourbeux.....

Comme je méditais de la sorte, un vieux
paysan s'approcha, tira Renaud par la man-
che et lui fourra sous le nez une liasse de papiers malpropres que timbrait l'effigie de Marianne. Difficilement, en un français approxi-
matif, et truffé de mots patois, il expliqua
qu'il avait un procès, pour un héritage, perdu
en première instance et en appel, pendant en
cassation. Il exigeait que l'infortuné candidat
prît connaissance des pièces sur l'heure et
s'occupât, sans désemparer, de lui faire rendre justice.

Renaud était au supplice. Il essaya de quelques phrases amicalement dilatoires. Puis il
tenta de s'esquiver. Mais l'autre se cramponnait, exigeait qu'on lui donnât sur l'heure
un gage qu'on s'occuperait de son affaire. Il
promettait en retour de voter et de faire voter
son gendre et ses trois fils pour celui qui lui

obtiendrait gain de cause. J'ai su qu'il avait relancé de la même façon Dupuy junior et son comité.

Nous ne réussîmes à lui échapper qu'en nous réfugiant dans la maison d'un de nos partisans chez qui nous devions rencontrer quelques « influences » qui disposaient d'un certain nombre de votes et désiraient nous les céder au plus juste prix.

.*.

Qu'on n'aille pas se figurer que j'exagère quand je parle de ce négoce. Dans les Hautes-Pyrénées, le trafic des votes se pratique ouvertement sans qu'on emploie ces euphémismes et ces circonlocutions par où, ailleurs, on tente d'atténuer le cynisme du procédé.

Pour les Bigourdans, un suffrage, cela se vend comme une botte de poireaux ou une douzaine d'œufs.

Nous en eûmes de suite la preuve car, après quelques phrases de préambule, un des personnages qui nous attendait pour nous offrir son appui, nous exhiba une liste de ses feudataires.

— Voilà, nous dit-il, ce sont presque toutes les voix de trois villages — il nous les nomma — je vous les laisserai à trente sous, l'une dans l'autre. L... (c'était l'agent de Dupuy) ne m'en donne que vingt-cinq. Il dépend de vous d'avoir la préférence...

Ces mœurs électorales s'expliquent. Les trois quarts de l'arrondissement sont dans la montagne. Or la montagne ne rapporte guère surtout dans les villages situés à plus de huit cents mètres de hauteur. Depuis bien des années, les paysans, voués à la gêne, ont coutume de vivre de l'étranger ; leurs revenus, ce sont les baigneurs de Cauterets, de Saint-Sauveur, de Barèges qui les leur fournissent ; ce sont aussi les touristes de Gavarni et du Vignemale ; ce sont encore les candidats à la députation.

La chose est tellement admise, les bénéfices d'une élection sont si parfaitement escomptés qu'une des préoccupations des électeurs c'est de faire durer la pluie d'or. Je me rappelle l'exclamation joyeuse d'un Lourdais lorsqu'on apprit qu'il y avait ballottage : — Quelle chance, je vais gagner encore quelques louis !...

Cela signifiait que, vu la péripétie, il se préparait à vendre son vote une seconde fois — et le plus cher possible.

Autre exemple typique : le village d'A..., perché à quinze cents mètres dans un massif granitique à l'est de Cauterets, était d'un

abord très difficile. On n'y parvenait que par
un sentier en casse-cou, bordé de roches
abruptes et de précipices. Il était tout à fait
impossible aux autos de s'y risquer.

Or les habitants enviaient fort la bonne fortune de leurs voisins qui possédaient un ca-
sino, des sources thermales et une belle route
en lacets parcourue par un tramway électri-
que.

— Nous aussi, disaient-ils, nous avons de
l'eau sulfureuse, des points de vue renommés,
des hôtels qui ne demandent qu'à s'agrandir.
Il ne nous manque qu'un chemin praticable
aux voitures... Mais la commune est pauvre
et il nous faudrait de l'argent pour le construire.

Des demandes de subvention au conseil général et au ministère des travaux publics
n'avaient pas été accueillies.

Mais les candidats à la députation étaient
là et l'on pourrait peut-être leur soutirer une
somme suffisante pour commencer les travaux.

Du moins c'est ce que se dirent les fortes
têtes du pays. Une députation fut envoyée à
Renaud et lui demanda tranquillement quatre
mille francs, moyennant quoi tout le village
s'engageait à voter pour lui.

Renaud se déroba non sans peine ; mais,

une fois, par hasard, il eut une inspiration assez subtile : — Je ne puis pas grand'chose, dit-il aux délégués, étant de l'opposition, mais M. Dupuy qui est au mieux avec le gouvernement vous obtiendra une subvention et tout d'abord vous versera sans doute de sa poche la somme qui vous est immédiatement nécessaire. Allez donc le trouver. Si vous échouez et que je sois élu, alors je vous viendrai en aide.

Les montagnards ne se le firent pas répéter. Ils s'amenèrent auprès de Dupuy et, naïvement, lui dirent qu'ils étaient envoyés par Renaud pour lui réclamer les quatre mille francs en question. Le jeune blocard, mis en méfiance par ses agents qui flairaient un piège de l'adversaire, comprit que s'il s'exécutait, cette largesse pourrait servir, par la suite, à prétexter une demande d'invalidation.

Il refusa. Malheureusement, il était seul au moment où les solliciteurs l'abordèrent. Il ne sut pas atténuer leur désappointement par quelques promesses enveloppées de phrases bénisseuses et lénitives. Il les envoya promener rudement et ne se priva même pas d'assaisonner sa rebuffade de quelques épithètes désobligeantes.

Furieux et humiliés, les montagnards se retirèrent en jurant qu'ils lui feraient payer cher sa grossièreté.

De fait, au premier tour de scrutin comme au ballottage, ils votèrent en majorité pour Renaud.

D'autres se montraient moins exigeants. Tel l'adjoint d'un village de la plaine situé à une quinzaine de kilomètres de Lourdes, sur la route de Bagnère. Celui-là, prévenu que nous devions tenir une réunion dans sa commune, vint au devant de nous afin de nous « taper » avant que ses concitoyens fussent mis à même de nous dévaliser.

Il arrêta l'auto, se nomma, fit connaître sa qualité. Puis, affirmant qu'il disposait d'une vingtaine de voix : sa famille, ses débiteurs, ses valets, il nous les offrit à condition qu'on lui achèterait une paire de bœufs.

On se garda bien de lui répondre par une fin de non-recevoir. Seulement on ne lui remit qu'un acompte de cinquante francs en lui promettant qu'il toucherait le reste de la somme après l'élection. J'ai su qu'il avait fait la même demande à l'agent de Dupuy et qu'il avait obtenu cent francs aux mêmes conditions.

D'ailleurs rien n'était plus cocasse que l'éclectisme de tous ces électeurs. Ils s'inquiétaient fort peu de s'enquérir de l'opinion que représentait le candidat. Aux réunions c'est à peine s'ils écoutaient les discours. Chacun

d'eux calculait à part soi le profit qu'il pourrait tirer de la circonstance et guettait le moment de prendre à part l'un de nous pour lui
extirper quelque monnaie. Ils estimaient que
l'argent était bon à empocher d'où qu'il vînt.
Quant à leurs convictions politiques, ils votaient d'après des intérêts locaux qui n'a-
vaient rien à voir avec l'intérêt général. Il y
eut même une commune, largement arrosée
par Dupuy comme par Renaud, où, le jour du
scrutin, personne ne se présenta pour voter :
cela leur était tellement égal ! — Le maire et
le maître d'école rédigèrent un procès-verbal
de fantaisie, où afin de se concilier l'administration, ils attribuèrent la majorité à Dupuy.

Enfin dans beaucoup de villages, dès
qu'une réunion était annoncée, on plaçait une
vedette sur la route qui signalait l'approche
de l'un ou l'autre candidat. Aussitôt, suivant
le cas, l'on déployait, entre deux arbres, une
bande de calicot portant imprimés en grosses
lettres ces mots : *Vive Dupuy !* ou *Vive Renaud !* Puis les jeunes gens de l'endroit, son-
nant du clairon, battant du tambour, faisant
flotter un drapeau tricolore, venaient à notre
rencontre. Suivaient deux ou trois mioches
porteurs de bouquets. Et cette manifestation
spontanée de la faveur populaire coûtait dix
francs.

La chose était si bien entendue comme cela que nous tenions la pièce prête d'avance...

Parfois la réunion avait lieu dans un cabaret. Ceci amenait alors des incidents drolatiques. Ainsi, nous étions arrivés au village de G... à l'improviste. Le maire, tenancier d'un des deux estaminets du pays, était absent. Nous allons à l'autre. Comme c'était la coutume, nous faisons servir une dizaine de litres de vin à quatorze sous. Puis Renaud débite sa harangue devant quatre podagres et un sourd-muet ; et nous retournons à Lourdes après avoir laissé vingt francs pour la consommation (1).

Le soir, vers dix heures, nous finissions de dîner quand le garçon nous prévient que le maire de G... était là, demandant à nous parler. On le fait entrer, on l'assied, on lui entonne du punch et on lui demande, avec déférence, ce qu'il désire.

Alors, d'un grand sang-froid, il nous explique que s'il avait été là lors de notre passage, nous serions sûrement allés chez lui, et qu'ayant raté cette occasion de gagner vingt francs, il venait chercher le louis auquel il estimait avoir droit.

---

(1) Le plus terrible, c'est qu'il fallait trinquer. Le vin noir qu'on nous versait était copieusement frelaté. Il corrodait l'estomac comme si l'on eût avalé du vitriol.

Dès qu'on le lui eut donné, accompagné de quelques plaisanteries qui le laissèrent impassible, il repartit sans même remercier. C'était son dû qu'il venait toucher : voilà tout.

Notez qu'il tombait une pluie mêlée de neige et que de G... à Lourdes il y a douze kilomètres à couvrir par des chemins de montagne tellement atroces que, l'après-midi, nous avions été obligés de laisser l'auto en arrière et de grimper, près de mille mètres, dans une boue opaque où nous enfoncions jusqu'à mi-jambe.

N'importe, le digne maire s'enfila six lieues dans ces conditions et en pleine nuit pluvieuse pour gagner vingt francs.

Il aurait été vraiment cruel de les lui refuser...

Dans les villes : Lourdes, Argelès, Cauterets, Luz, la vénalité des électeurs s'affichait peut-être un peu moins crûment ; et puis il y avait, tout de même, un certain nombre de convaincus qui ne mettaient pas leur vote à l'encan.

Mais ceux-là, Renaud trouva le moyen de se les aliéner pour la plupart.

*
* *

J'ai dit plus haut que lorsque nous lui
avions soumis quelques observations sur la
difficulté d'être élu dans un arrondissement
où les catholiques étaient fort divisés, il nous
avait répondu qu'il possédait un moyen sûr de
se concilier tous les suffrages.

Or voici ce qu'il imagina.

D'abord, il lui fallait se faire pardonner
sa qualité de directeur d'un journal royaliste
qui indisposait les ralliés, les bonapartistes et
les démocrates fort nombreux parmi les catholiques militants de la région.

Rien de plus simple : il mit son drapeau
dans sa poche et déclara textuellement qu'il
y avait en lui deux personnes : un royaliste,
laissé à Paris et dont il demandait ingénument
qu'il ne fût pas question ; un « représentant
de la catholicité mondiale » (*sic*) qui brûlait de
zèle pour l'Eglise en général et pour les intérêts de la Grotte en particulier.

C'était là un *distinguo* peu facile à faire ac-
cepter. Aussi on ne l'accepta point. Les blo-
cards et francs-maçons ne cessèrent, comme
s'il n'avait rien dit, de le dénoncer comme
royaliste honteux. Les catholiques appartenant à d'autres partis que le sien estimèrent
que ce dédoublement provisoire ne leur four-

nissait aucune garantie. En outre, ils craignirent de faire suspecter la sincérité de leurs propres convictions, s'ils votaient pour lui.

Enfin maints royalistes s'offusquèrent de le voir renier en paroles, ne fût-ce que pour un mois, l'opinion qu'il soutenait dans son journal. Ils jugèrent peu digne cette façon de déposer, comme une valise à la consigne d'une gare, les principes et les idées qu'il défendait ailleurs comme seuls aptes à régénérer la France.

Résultat : au jour du scrutin, beaucoup s'abstinrent ou votèrent à bulletin blanc.

A Lourdes, notamment ceux qui lui octroyèrent leur suffrage, le firent soit parce qu'ils partageaient les animosités et les rancunes de la barbe solennelle qui combattait l'Evêque dans la feuille de chou dont j'ai parlé, soit parce qu'ils étaient partisans des membres de l'ancien conseil municipal dégommés récemment. Ces derniers pensaient se servir de Renaud pour reconquérir de l'influence en travaillant à son élection. En cas de réussite, ils comptaient bien s'appuyer sur ce premier succès pour ressaisir leurs sièges. C'est pourquoi ils entrèrent presque tous dans le comité du « catholique mondial ».

Ces rivalités, ces ambitions, ces intérêts

contradictoires, ces convictions froissées ne permettaient guère d'augurer le succès.

Renaud acheva de compromettre ses chances par une gaffe formidable — et plus qu'une gaffe — qui lui aliéna définitivement une bonne partie du clergé ainsi que les chrétiens désintéressés qui, aimant la Sainte Vierge avec abnégation, mettent sa gloire bien au-dessus de toutes les vilenies et de tous les calculs dont on est obsédé sitôt qu'on sort du domaine immédiat de la Grotte.

Donc, notre désolant candidat résolut de se concilier les femmes de Lourdes. Il les convoqua à une réunion où il leur exposerait le vrai moyen de sauvegarder la Grotte et d'en assurer la prospérité. Ayant jugé l'individu à sa valeur, nous n'étions pas sans inquiétude sur ses projets. Mais nous eûmes beau lui demander quels arguments il entendait développer devant ses auditrices, il refusa de nous les révéler et se contenta de nous affirmer que sa dialectique serait irrésistible.

Attirées par la curiosité, les dames influentes de la ville vinrent en assez grand nombre. Pour commencer, Renaud leur fit distribuer des fleurs. Dans sa pensée, cette galanterie devait être irrésistible. Or elle ne contribua qu'à le rendre un peu plus ridicule. Quand il prit la parole, les trois quarts de l'assistance

s^ moquaient de lui. Mais elles ne tardèrent
pas à se fâcher.

Il y avait de quoi : en effet Renaud leur exposa que s'il était élu, il s'occuperait aussitôt
d'enlever à l'évêque l'administration des
biens de la Grotte. Ensuite il fonderait une
société qui capitaliserait les sommes considérables versées par les pèlerins. Puis elle émet-
trait des actions qui, certes, vu la vogue du
pèlerinage, seraient tout de suite très haut
cotées et fourniraient de gros dividendes aux
preneurs.

Renaud s'attendait à des acclamations.
Aussi fut-il fort surpris quand il s'aperçut à
quel point il avait fait fausse route. Les femmes ne le huèrent point, parce qu'elles étaient
fort bien élevées. Mais elles gardèrent un silence glacial quand le malheureux, s'enfon-
çant de plus en plus, les pria d'exposer à leurs
proches les avantages de sa combinaison.

Dehors, leur indignation éclata. Faisant
presque toutes partie de l'Hospitalité, elles
donnaient leur temps, leurs forces, leur argent sans compter, heureuses de servir la
Vierge, d'assister les malades et les pauvres
pour l'amour de Dieu. Jamais il ne leur serait
venu à l'esprit de monnayer leur dévouement.

Que valait donc ce soi-disant catholique qui,
plus sordide qu'un Juif, ne voyait dans les

merveilles de foi, d'espérance et de charité
dont la Grotte est le sanctuaire, qu'un prétexte à spéculations de Bourse et qu'un moyen
séduisant de faire fortune ?

Telle était l'aberration de Renaud qu'il ne
voulut jamais comprendre qu'il s'était coulé
dans l'opinion des chrétiens sincères par sa
méconnaissance des mobiles d'ordre surnaturel qui déterminent les hospitaliers de
Lourdes et par les malpropres appétits de
lucre que dénonçait son discours.

*
* *

J'en ai dit assez. Il est, je pense, démontré,
qu'à Lourdes comme ailleurs, le fonctionnement du suffrage universel ne produit que des
trafics, des intrigues et des capitulations de
conscience bons à écœurer quiconque garde le
souci de la propreté morale.

L'ennui d'être forcé, malgré moi, d'assister
à cette comédie fangeuse, n'était compensé
que par le plaisir d'explorer la montagne au
hasard des réunions électorales et d'y admirer d'incomparables sites. Il y eut aussi quelques expéditions amusantes.

Celle-ci, par exemple.

Un soir que nous étions à Argelès, en train
de prendre du thé, après une fatigante tour-

née dans la montagne, un personnage mystérieux fut introduit qui se dit délégué par un groupe radical de Tarbes. On lui demanda ce qu'il désirait. Alors il nous expliqua que ses amis ayant des raisons d'entraver la candidature de Dupuy, nous proposaient des armes contre lui.

— Quelles raisons ? demandons-nous.

Il ne consentit pas à les donner nettement. A travers les explications confuses qu'il bégaya, nous comprîmes cependant que Dupuy père les avait désobligés et qu'ils cherchaient à se venger en jouant quelque mauvais tour à son fils.

Et comment pouvions-nous les y aider ?

Voici : ses amis avaient rédigé un texte flétrissant, au nom des « immortels principes », certaines manigances de la famille Dupuy. Ils nous le confieraient, nous le ferions imprimer et afficher et cela pourrait enlever des votes à notre adversaire.

Après délibération, nous acceptons cette alliance occulte. L'envoyé nous remet alors une déclaration composée sur la machine à écrire et où la famille Dupuy était accusée de divers méfaits plus ou moins saugrenus tels que celui de pactiser en secret avec la réaction. La diatribe se terminait par une adjuration aux électeurs républicains de s'abstenir

et était signée : *Un groupe de radicaux sincères.*

Puis l'envoyé se retira après nous avoir
fait remarquer que, pour que l'authenticité
du document ne fût pas suspectée, il nous fallait en user de façon à ne pas laisser soupçonner que nous nous en faisions les propaga-
teurs.

Il avait raison. Aussi prîmes-nous le parti
de le faire imprimer à Pau, car à Lourdes ou
à Argelès, la manœuvre aurait été aussitôt
démasquée. Pour l'affichage nous opérerions
de nuit, nous-mêmes, afin de ne mettre aucun afficheur professionnel dans le secret.

La manœuvre ainsi conçue, je partis le
lendemain matin pour Pau ; l'affiche y fut
imprimée en quelques heures, et tirée à plusieurs centaines d'exemplaires. Je rapportai
le paquet le soir à Lourdes.

Mais pourquoi ces radicaux dissidents re-
fusaient-ils de réprouver ostensiblement les
Dupuy ?

Ah ! c'est que, comme me l'expliqua, par
la suite, l'un d'eux qui avait pris part au
complot, ils voulaient bien nuire à leurs co-
religionnaires politiques mais ils se souciaient
fort peu de s'exposer à des représailles.

Restait l'affichage. Pour que la chose réussît, il fallait opérer en une seule nuit et en-

core ne pouvions-nous étendre l'affichage à toutes les communes de l'arrondissement car si l'on mettait trop de gens dans le secret, fatalement notre entente avec les rédacteurs du papier serait divulguée.

Tout s'arrangea. Des amis sûrs se chargèrent de tapisser les murailles de Lourdes, d'Argelès et de Cauterets. Pour le reste, nous nous concertâmes, l'avoué R..., un patron d'hôtel nommé L... et moi. L'avant-veille du scrutin, nous partirions de Lourdes, dans une grande limousine où nous chargerions nos pots à colle, le ballot d'affiches et des pinceaux. Nous serions vêtus de blouses et coiffés de vagues casquettes. En partant à 9 heures du soir et en y mettant de l'activité nous pouvions avoir terminé à l'aube : il y aurait des affiches à Saint-Pé, à Pierrefitte, à Luz, à Saint-Sauveur et dans plusieurs villages de la rive droite du Gave.

Ainsi fut fait. Comme renfort, je m'étais adjoint Pierre, le domestique de la maison où je logeais. C'était un garçon discret et dégourdi dont l'aide nous serait utile.

Nous commençons par Saint-Pé. Nous nous étions partagé la besogne de la manière suivante : En entrant dans chaque bourgade nous prenions R... et moi le côté droit de la rue principale, L... et Pierre, le côté gauche

et nous collions nos affiches dans tous les endroits propices.

De Saint-Pé, qui est dans la plaine, nous
regagnons Lourdes en quatrième vitesse ;
nous contournons la ville pour ne pas être
reconnus et nous filons droit sur Pierrefitte
où nous renouvelons la manœuvre. La chose
allait fort rapidement : je n'aurais pas cru
que le métier d'afficheur était aussi facile à
exercer.

De Pierrefitte nous couvrons, à grande
allure, les onze kilomètres de la route qui
monte à Luz.

De Luz nous nous rendons à Saint-Sauveur. Nulle part nous ne fûmes dérangés :
personne dans les rues — les montagnards se
couchent de bonne heure — tout dormait sauf
quelques chiens vigilants dont les abois furieux ne réussirent pas à donner l'alarme.

Le plus gros de la besogne était fait ; mais
le violent exercice auquel nous venions de
nous livrer nous avait ouvert l'appétit. Heureusement, L..., homme de prévoyance, avait
emporté un vaste panier contenant des vo-
lailles froides, des sandwichs au roastbeef,
plusieurs bouteilles de vieux vin et une fiole
pleine de café très fort.

En redescendant de Luz, nous décidons de
faire collation. Nous nous arrêtons sur un

pont franchissant un gouffre au fond duquel le Gave écumait en grondant. Il était trois heures du matin.

Le repas fut délicieux : éclairés par une lampe à acétylène au plafond de la limousine, nous dévorions et nous trinquions en échangeant des propos dépourvus de mélancolie. Bien entendu le chauffeur avait part au festin : c'était un personnage jovial, très expert dans son art. De plus, étranger au pays, bien payé, cette randonnée nocturne l'amusait beaucoup.

Pour terminer, nous suivîmes, ainsi qu'il était convenu, la rive droite du Gave. A quatre heures et demie, nous collions nos dernières affiches sur les murs de Lugagnan et comme cinq heures sonnaient à la Basilique, nous rentrions à Lourdes où nous nous séparâmes pour aller prendre un repos bien gagné.

*
* *

Or, malgré cette affiche de la dernière heure, au scrutin de ballottage, Dupuy fut élu à une majorité formidable.

Dès le début de la campagne, j'avais prévu ce résultat car je connaissais l'esprit du pays; puis il ne m'avait pas fallu longtemps pour constater l'insuffisance de Renaud. Ses ima-

ginations burlesques, ses gaffes et surtout
cette odieuse bêtise de vouloir mettre la
Grotte en actions avaient achevé de le discré-
diter.

Y a-t-il une moralité à tirer de cette mésaventure ?

Assurément celle-ci : on ne saurait en vouloir aux électeurs qui votent selon leurs intérêts les plus immédiats. Ce faisant, ils assu-
rent leur tranquillité, parfois leur gagne-
pain.

Agir autrement ce serait se conduire en
héros. Et peu d'hommes — surtout en notre
temps de matérialisme plat — sont capables
d'héroïsme.

Tant que le suffrage universel fonction-
nera, tant que notre pays subira l'absurde
principe de l'égalité politique et la tyrannie
d'une administration centralisée à outrance,
il en ira de même.

Toujours les paysans — qui font le grand
nombre — voteront pour le pouvoir quel
qu'il soit. Aussi est-ce nourrir une chimère
que de croire qu'on améliorera le régime en
modifiant les conditions du vote.

Ce n'est point par des harangues, des affiches et des scrutins qu'on renversera l'équipe
de malfaiteurs qui oppriment et dévalisent la
France sous prétexte de République. Seul un

maître, soutenu par les honnêtes gens, par les patriotes qui veulent guérir de cette maladie infectieuse : l'esprit de la Révolution, peut les réduire à l'impuissance.

Le coup de force : il n'y a pas d'autre moyen de salut...

NOTE

Comme je l'ai dit, dans l'arrondissement d'Argelès, la préoccupation qui domine force électeurs c'est d'assurer le maintien des pèlerinages. Beaucoup de ceux qui donnèrent la majorité à Dupuy invoquaient cette excuse : le jeune homme étant appuyé par le gouvernement, et ayant déclaré, tant qu'on voulait, qu'il défendrait la Grotte, il était habile de voter pour lui.

Or je crois que c'est là un calcul sans portée. En effet ce qui empêche l'interdiction des pèlerinages, c'est l'intérêt pécuniaire : les cinq cent mille pèlerins qui viennent chaque année à Lourdes y laissent énormément d'argent dont bénéficient les Compagnies de chemins de fer, les hôteliers, les commerçants de tout genre, les paysans qui approvisionnent la ville. D'autre part, les terrains ont acquis une plus-value très forte ; on bâtit sans cesse et des sociétés financières, dont le Cré-

dit foncier, en tirent des profits considérables.

C'est pour ces raisons très prosaïques que
le gouvernement ne ferme pas la Grotte malgré les objurgations de la Franc-Maçonnerie.

Si donc l'arrondissement élisait un député
de l'opposition, rien ne serait changé, celui-ci
fût-il plus réactionnaire que feu Blanc de
Saint-Bonnet.

Il y aurait à la Chambre un bavard ou un
muet de plus. Et voilà tout.

CHAPITRE VIII

SOUFFLEURS DE BULLES, NOCTAMBULES, SOMNAMBULES

Revenons un peu sur la période littéraire dont j'ai donné une esquisse au premier chapitre de ce livre. Elle mérite de retenir l'attention parce qu'elle révèle un état d'esprit assez semblable à celui qui, à la même époque, prédominait chez un grand nombre de théoriciens : sociologues et politiques. Je veux dire l'individualisme.

En somme, l'individualisme étant une doctrine stérile, n'impliquant guère que des négations et des mouvements de révolte contre les doctrines traditionnelles qui, seules, peuvent maintenir l'union entre concitoyens, en le préconisant, en nous efforçant de l'appliquer dans nos œuvres, nous ajoutions au désordre et à l'incohérence dont souffrait, dont souffre encore notre pays.

Nous ne pouvions guère être rendus responsables de cette anarchie. En effet, notre formation d'art s'était faite, en grande partie, par le romantisme, c'est-à-dire par une littérature qui exalte le sentiment et la passion au détriment de la raison, l'outrance au détriment de l'équilibre. Elevés, pour la plupart, sans croyances religieuses, nous ignorions ce sens de l'ordre spirituel et moral que l'Eglise inculque à ses fidèles en leur fournissant le frein unique contre les écarts de la nature humaine. Les idées fausses dont la Révolution frelata les intelligences pendant tout le cours du dix-neuvième siècle nous tenaient en garde contre les bienfaits de l'ordre matériel représenté par la Monarchie. L'alliance salutaire de celle-ci avec l'Eglise ne nous représentait qu'un intolérable despotisme. L'histoire antérieure à 89, nous l'avions apprise chez des sectaires qui ne cherchaient dans les institutions du passé qu'un prétexte à déclamations erronées ou des tares, plus ou moins fictives, pour motiver leurs rancunes et leurs haines. Au point de vue scientifique, les hypothèses fragiles du déterminisme nous avaient été données pour des certitudes. De ce fait, beaucoup d'entre

nous en étaient devenus follement fatalistes.
Enfin, les métaphysiques allemandes, soit
les sophismes troubles d'Hegel, soit les mor-
nes aphorismes de Schopenhauer, soit la mé-
galomanie de Nietzsche empoisonnaient bien
des cerveaux. D'autres s'étaient imbus d'occultisme ou de panthéisme.

Le tout formait un amas de doctrines contradictoires, une atmosphère de nuées fuligi-
neuses où nous tâtonnions parmi les sursauts
de l'imagination et les caprices de l'instinct.

Ajoutez l'invasion des Barbares dans la
littérature. Il y eut quelques années où la
France littéraire parut oublier que c'était elle
qui avait instruit, dégrossi quelque peu ces
Scandinaves, ces Teutons, ces Slaves dont on
prétendait nous imposer les divagations
comme des modèles de style et de pensée fort
supérieurs à ceux que fournissait l'art classique. On nous proposa de nous mettre à
l'école chez Ibsen, Tolstoï, Novalis, Jean-
Paul Richter, que sais-je ?

D'autre part force étrangers, installés
chez nous depuis peu, se mettaient à publier
dans notre langue. Et ces métèques s'achar-
naient à bouleverser notre syntaxe et notre
prosodie.

Les Juifs, qui portent avec eux tous les
ferments de destruction et de corruption,

jouèrent un rôle considérable dans cet assaut donné à notre esthétique.

Et la France, éprise soudain de cosmopolitisme, engourdie par l'opium démocratique, laissa ces bandes suspectes, issues de ghettos puants, la circonvenir. Elle souffrit les insultes du Juif Nordau, les monitions outrecuidantes du Juif Brandès. Les poètes assistèrent, sans empoigner le sifflet, aux controverses du Juif Kahn et de la Juive Krysinska qui se disputèrent le mérite (?) d'avoir inventé un nouveau vers libre où toutes les règles étaient piétinées avec désinvolture.

Ce furent des Juifs également qui propagèrent tout d'abord les théories anarchistes et qui se firent les apologistes des poèmes rédigés en un charabia des plus obscurs où Stéphane Mallarmé dépensait sa névrose.

Ceux-là, les frères Natanson, venus de Varsovie, fondèrent la *Revue blanche* où collaboraient, avec quelques Français dévoyés, diverses tribus hébraïques. Les Bernard Lazare, les Cohen, les Blum, les Cahen, les Bloch, les Ular y pullulaient, s'y livraient à des acrobaties de style et de pensée que quelques naïfs et un certain nombre de détraqués s'empressaient d'imiter.

Henri de Bruchard, dans ses incisifs *Petits Mémoires du temps de la Ligue,* a fort bien décrit ce milieu. Il a croqué sur le vif « ces juifs boursiers, assoiffés de boulevard, portant dans les lettres, avec de fausses apparences de mécénat, ce goût malsain de parodier et de parader qui est le propre de leur nation haïssable, et traînant derrière eux toute une équipe de ghetto dont ils infligèrent le style, les images, les dégénérescences à une jeunesse sans guides, sans appuis que l'anarchie littéraire attirait en réaction des bassesses et des médiocrités de la salonnaille opportuniste. En réalité, la meilleure part du labeur fourni par les revues de jeunes aboutissait à cette officine où les esthètes coudoyaient les usuriers, les peintres impressionnistes, les lanceurs de bombes, où se tutoyaient et s'associaient bookmakers et auteurs dramatiques. »

De Bruchard donne ensuite une peinture fort amusante et fort exacte du salon des Natanson : « Chaque jour ils semblaient couvrir d'un mauvais vernis boulevardier la crasse importée du Ghetto de Varsovie. Ne s'avisaient-ils pas de protéger les peintres? On devine, par exemple, quelle peinture était exaltée par ces affolés de modernisme. Ils se lançaient aussi dans leur monde et s'avisèrent de donner des soirées. Ce fut même assez comique.

« Evidemment on ne pouvait avoir d'emblée l'élite parisienne. Aussi se contentait-on chez les Natanson de la famille Mirbeau, de Clemenceau, de Marcel Prévost. Puis, pour faire nombre, quelques gens de lettres et obligatoirement les collaborateurs de la revue.

« Dans les salons rôdait le vieux père Natanson, sournois et méfiant, qui songeait à son ghetto et qui se rappelait l'échoppe d'autrefois, le quartier malpropre, refuge de toute sa vie...

« Paris s'amusa fort des glorioles que les Natanson affichaient. Dès leur second bal, la Pologne délégua tous ses juifs, traducteurs de romans étrangers, rédacteurs d'agences de presse tripliciennes, correspondants des gazettes sémitiques du monde entier. Puis apparut l'armée des traducteurs. Une invasion d'Anglais, d'Américains, de Suédois, de Danois, d'Allemands tomba sur nos libraires. Dans la presse, c'était l'âpre concurrence des petits juifs si humbles la veille, la monopolisation du théâtre, le boycottage pour tout ce qui portait un nom français... »

Malgré son dreyfusisme militant, malgré l'appui que lui donnaient maintes juiveries influentes, la *Revue blanche* périclita. Ses fondateurs, ayant subi des revers à la Bourse, en cessèrent la publication et cédèrent leurs

abonnés à l'un de leurs compatriotes le Juif
Finckelhaus dit Jean Finot qui se vantait
d'avoir pour lectrices de *sa Revue* « toutes les
têtes couronnées ».

* *
*

Toutefois dans ce tohu-bohu de déclamations anarchistes et de littérature extravagante, quelques-uns gardaient le sens de la
tradition française et combattaient sans merci
les infiltrations du cosmopolitisme.

Ainsi Charles Maurras qui, dès lors, avec
une logique implacable et un art consommé,
maintenait les droits de la culture gréco-la-
tine. Il soutenait l'école romane et refusait
absolument à l'art germanique le droit de
rivaliser avec l'hellénisme.

Nous eûmes, tous deux, à cette époque
(1891) une polémique assez intéressante. Imprégné de Wagner jusqu'aux moelles, j'avais
avancé que les héros des *Niebelungen* valaient bien ceux de l'*Iliade* et de l'*Odyssée.*
Et je reprochais à Maurras son parti pris en
faveur des derniers.

Maurras me répondit (dans la revue l'*Ermitage*) : « Des nombreux adversaires de l'é-
cole romane, vous fûtes à peu près le seul à
montrer de la courtoisie. Vos discours furent

véhéments et je n'y lus aucune injure. Je n'y vis pas la moindre trace de cette basse envie qui enfla tout l'été les moindres ruisseaux du Parnasse. Vous compariez les *Niebelungen* à l'*Iliade*. Vous osiez opposer Brunehild à Hélène, Siegfried au valeureux Achille. Vous répandiez sur nos félibres un singulier dédain et vous réussissiez à dire ces blasphèmes dans la prose d'un honnête homme.

« Vous répondre ? J'en eus envie. Mais les événements vous répondaient d'eux-mêmes.

« Il y a peu de jours encore, un poète anglais passait le détroit. Ne déclarait-il pas, comme on l'interrogeait sur les époques de la littérature française que la plus brillante était, à son goût, le temps des cours d'amour.

« Et il ajoutait que Swinburne, Morris et Rossetti et lui-même devaient leur science et leur art aux exemples des grandes trouveurs gascons et provençaux... »

Après quelques considérations sur Shakspeare, Maurras ajoutait : « Ceux à qui il convient d'aimer l'art préraphaélite iront visiter les églises de l'Ombrie plutôt que la maison Morris. Ils étudieront l'hellénisme ailleurs que dans le *Second Faust* et précisément dans les œuvres où le plus grand génie du Nord est allé, en nécessiteux, recueillir de beaux rythmes et de belles pensées. Si,

en effet, on néglige ce qu'il tira de l'art roman, je ne sais trop à quoi se réduit l'art des
Barbares. Ou plutôt je le sais pour l'avoir
indiqué déjà : il reste aux poètes septentrio-
naux ce qui peut aussi bien se trouver n'importe où : un sang riche, des nerfs sensibles
et du talent. Mais ceci ne se transmet point.
C'est la matière des œuvres d'art. Ce n'en est
point la forme. C'est un secret tout personnel et l'on ne s'assimile point de pareils caractères : ils ne s'enseignent pas... »

On sait comment, depuis, Maurras n'a
cessé de développer les idées si judicieuses
qui nourrissent son esthétique et aussi sa politique. Certes, des esprits de notre génération, il était celui qui pouvait le mieux rap-
prendre la mesure et le goût à la pensée française. Il a continué, il continue tous les jours
et beaucoup — je ne fais pas scrupule d'a-
vouer que j'en suis — s'instruisent à son
école.

*
* *

Après avoir donné, autant que quiconque,
dans les divagations germaniques et juives,
je commençai pourtant à réagir. Je demeurai
féru d'antichristianisme et vaguement libertaire ; mais je pris en grippe les théories nébuleuses du symbolisme et plus particulière-

14

ment les œuvres où des poètes, perdus d'abstraction, tentaient de les appliquer. Mallarmé
étant leur grand homme, j'attaquai Mallarmé.

On ne saurait se figurer aujourd'hui l'influence prise par ce rhéteur « abscons » sur
nombre d'esprits qui, par ailleurs, raison-
naient quelquefois juste mais qui, dès qu'il
s'agissait de ses vers énigmatiques ou de sa
conversation tarabiscotée, se mettaient à dé-
lirer sans mesure.

Ah ! les mardis de Mallarmé, ces réunions
où maints poètes se suggestionnaient pour
découvrir des abîmes de beauté dans les propos mystérieux du Maître !

J'en ai donné, jadis, un croquis que je crois
intéressant de reproduire.

« On s'entassait sur des chaises, des fauteuils et un canapé, dans un petit salon que
remplissait bientôt un nuage de fumée de
tabac.

« Perdu dans ce brouillard symbolique,
Mallarmé se tenait debout, adossé à un grand
poêle en faïence. La conversation était lente,
solennelle, toute en aphorismes et en juge-
ments brefs. Parfois de grands silences d'un
quart d'heure tombaient où les disciples mé-
ditaient, sans doute, la parole du Maître.
Mais moi je me sentais pénétré d'un froid

singulier, au point qu'il me semblait qu'une chape de glace s'appesantissait sur mes épaules.

« Seul, M. de Régnier rompait de temps en temps la congélation générale, par une saillie spirituelle qui nous ramenait un peu à la vie. D'autres alors émettaient, d'une voix sourde, quelques phrases où ils s'efforçaient d'impliquer un monde de pensées. Et Mallarmé souriant tirait trois bouffées de sa pipe — en conclusion.

« Parmi ces pétrifiés, il y en avait de plus pétrifiés encore. Tel un jeune homme glabre et tondu de près qui, pendant deux ans, vint tous les mardis et ne prononça jamais une syllabe.

« Un soir, il ne revint plus. Mallarmé demanda : — Pourquoi ne voit-on plus ce monsieur qui écoutait si bien ? Quelqu'un le connaît-il ?

« Les assistants se consultèrent du regard ; on fit une sorte d'enquête d'où il résulta que personne ne le connaissait et qu'on savait seulement, d'une façon vague, qu'il était l'ami du scuplteur Rodin... »

Les choses se passaient donc dans l'intérieur d'un frigorifique. Quant aux discours de Mallarmé, ils avaient toujours trait à quelque subtilité d'ordre métaphysique ou littéraire. Guère de vues d'ensemble mais un amour du détail poussé jusqu'à la minutie. Je ne lui entendis jamais émettre que des sophismes exigus, des paradoxes fumeux et des aperçus tellement fins qu'ils en devenaient imperceptibles.

Parfois aussi Mallarmé récitait un sonnet qu'il avait mis six mois à rendre inintelligible ; puis il en confiait le texte à ses disciples afin qu'ils l'étudiassent à loisir et que chacun cherchât le sens de ces mots juxtaposés, semblait-il, au hasard. C'était là un exercice du même genre que les travaux des personnes patientes qui cherchent la solution des charades publiées par certains périodiques.

Comme je l'ai dit, en Israël, on goûtait fort Mallarmé. Bernard Lazare, qui devait plus tard se vouer à la réhabilitation de Dreyfus, préludait à ce labeur ardu en s'efforçant d'élucider les énigmes que proposait le Maître. Fervent admirateur du nébuleux poète, il passait pour très expert dans l'art de l'expliquer aux profanes.

Cette réputation lui valut une mésaventure assez cocasse.

Un mardi, Bernard Lazare avait été empêché de se rendre chez Mallarmé. En compensation, il avait donné rendez-vous à quelques-uns de ses co-séides afin qu'ils lui rapportassent les oracles promulgués, ce soir-là, par son idole.

Or un de ceux-ci, grand mystificateur, avait imaginé de composer, avec des phrases assemblées en désordre et munies de rimes, un soi-disant sonnet de Mallarmé qu'il soumit à Lazare en le priant d'en donner la signification.

Bernard Lazare se mit au travail et il accoucha bientôt d'un commentaire où il exposait les mille pensées profondes, les dix mille beautés d'images incluses dans ce plus que pastiche. — Bien entendu, le prétendu poème ne signifiait rien du tout. Aussi l'on juge de la fureur du Juif quand il apprit le tour qu'on lui avait joué.

Il fut d'ailleurs assez souvent victime de plaisanteries du même genre. M. Henri Mazel m'a raconté qu'un jour où l'on discutait sur le néo-platonisme, Lazare se laissa prendre à un faux texte de Plotin fabriqué par M. Paul Masson et qu'il ne manqua pas d'y étayer force arguments à l'appui de son opinion.

Pour en revenir à Mallarmé, on se demande comment on a jamais pu prendre au sérieux un écrivain qui déclarait préférer « à tout texte, même sublime, des pages blanches portant un dessin espacé de virgules et de points ».

Ailleurs, il formulait ce principe bizarre que : « Nommer un objet, c'est supprimer les trois quarts de la jouissance du poème qui est faite du bonheur de deviner peu à peu. »

Il ajoutait : « Je crois qu'il faut qu'il n'y ait qu'allusion. »

Quant aux mots, ces pauvres mots si singulièrement torturés par lui, sa fantaisie leur confiait une fonction inattendue à quoi personne n'avait encore pensé : « Il faut, disait-il, que de plusieurs vocables on refasse un mot total, neuf, étranger à la langue et comme incantatoire qui nous cause cette surprise de n'avoir ouï jamais tel fragment ordinaire d'élocution, en même temps que la réminiscence de l'objet nommé baigne dans une neuve atmosphère... »

De ces propositions ésotériques on peut conclure que Mallarmé eut en vue de créer un langage spécial destiné à formuler des pensées tellement inaccessibles au vulgaire qu'il fallait presque se transporter, par l'imagination, dans un monde différent du nôtre si l'on voulait parvenir à en soupçonner la signification ténébreusement symbolique.

Qu'une pareille aberration ait trouvé faveur auprès de poètes dont quelques-uns possédaient du talent et le prouvèrent, cela peint une époque. Mais aussi quelle confusion dans les esprits, quelle anarchie dont maints écrivailleurs juifs profitaient pour *saboter* notre langue, pour faisander la littérature et pour fausser l'intelligence française !

Heureusement la réaction s'est produite. Elle va se fortifiant tous les jours et nous pouvons espérer qu'elle sera bientôt assez vigoureuse pour bouter hors de notre pays, pour renvoyer à ses Ghettos d'Allemagne et de Pologne cette malodorante postérité des plus sordides talmudistes...

∴

Au temps où Mallarmé bourdonnait dans le vide, Verlaine voyait croître l'admiration que motivent les vers de *Sagesse*, des *Fêtes galantes* et des *Liturgies intimes*.

Celui-là ne s'enlisait pas dans les marécages où la Juiverie accumula des limons étrangers. Il restait catholique, patriote, amoureux de la tradition française. Si, dans ses derniers poèmes, la langue se contourne parfois à l'excès, du moins elle ne tombe jamais dans le charabia importé par les métèques.

Verlaine n'est pas seulement l'auteur des plus beaux vers religieux publiés au dix-neuvième siècle, il est aussi un Gallo-Latin chez qui l'on reconnaît sans peine l'influence de l'art classique. Ce qui ne l'empêche pas d'avoir inauguré une forme d'art nouvelle tout en nuances et en musiques délicates, tout en images neuves et en rythmes imprévus.

Et puis comme il a rendu cette floraison suprême du catholicisme : la Mystique ! Parlant des sonnets de *Sagesse,* Jules Lemaître a pu dire avec raison : « Ces dialogues avec Dieu sont comparables — je le dis sérieusement — à ceux du saint auteur de l'*Imitation.* A mon avis, c'est peut-être la première fois que la poésie française a véritablement exprimé l'amour de Dieu. »

Oui, je sais, quand on parle de Verlaine, les Pharisiens se renfrognent et lui jettent la pierre à cause de ses faiblesses, de ses égarements et des liaisons douteuses où s'acheva son existence.

Mais les gens de cœur et de bonne foi n'ignorent pas qu'il fut, presque toujours, horriblement malheureux et que s'il faillit souvent, ses fautes réclament bien des circonstances atténuantes.

En effet Verlaine fut la victime d'un défaut de caractère que tous ceux qui l'ont connu purent constater : il ne possédait pas l'ombre de volonté ; jamais il n'en eut plus qu'un enfant de cinq ans. Par contre, il était doué d'une imagination dévorante.

Ah ! l'imagination, c'est une admirable faculté pour un poète. Mais elle lui est aussi parfois bien néfaste !

Tant qu'il s'agit de forger des strophes d'un sentiment intense, elle lui rend les plus grands services, mais dès qu'il dépose la plume pour rentrer dans la vie quotidienne — la froide et dure vie quotidienne — elle lui joue autant de tours que pourrait le faire une fée malicieuse.

Si, par surcroît, comme Verlaine, le poète est doué d'un tempérament ardent, s'il manque d'énergie pour résister aux impulsions de son extrême sensibilité, il sera entraîné aux plus grands écarts. Oh ! il se repentira, il fera des efforts sincères pour réparer ses fautes. Mais s'il ne se trouve pas sur sa route quelque âme énergique autant qu'aimante qui prenne sur lui de l'influence, il aura beau lutter pendant des mois, voire pendant des années, il finira toujours par retomber et, de chute en chute, il deviendra une triste épave ballottée aux souffles de l'adversité.

Telle est justement l'histoire du pauvre Verlaine.

Je n'ai pas l'intention de commenter ici son œuvre. Je l'ai fait dans de nombreux articles, et dans des conférences qui lui procurèrent — on me l'affirme — des admirations et des indulgences.

Au surplus, maintenant qu'il est mort, tout le monde — sauf quelques tardigrades — rend justice à la beauté de son œuvre. Il a son monument au jardin du Luxembourg. Chaque année, le jour anniversaire de sa mort, des poètes se réunissent pour visiter sa tombe et célébrer sa mémoire.

Je voudrais seulement le montrer aux derniers temps de sa triste vie : brisé, malade, et pourtant toujours ingénu, retrouvant, à travers ses crises d'indicible mélancolie, des minutes de gaîté enfantine.

Je le revois dans une sombre chambre, sommairement meublée, de la rive gauche. La maladie le cloue là. Assis dans un fauteuil, sa jambe gauche, ankylosée par l'arthrite, étendue sur une chaise, vêtu d'une houppelande râpée, de nuance brunâtre, il s'amuse à badigeonner, d'une mixture à teinte d'or, sa pipe, sa plume, des soucoupes, des tabourets, tout ce qui lui tombe sous la main.

Je lui demande s'il ne versifiait plus.

— Guère, me répond-il, tenez, j'ai griffonné là quelques strophes, mais je crois qu'elles ne valent pas grand'chose. Et, d'ailleurs, à quoi bon faire des vers?...

— Bah! dis-je, cela aide toujours à tuer le temps qui a la vie si dure. Et puis l'art console de bien des choses.

Il secoue la tête ; son grand front génial se plisse ; ses yeux s'embrument.

Il soupire et reprend : — Non, l'art ne me console plus de rien... Je suis un vieux débris qui achèvera bientôt de se démantibuler. Mon Pégase est poussif et ma Muse cacochyme... Versifier ? Il faudrait évoquer le passé qui est lugubre ou le présent qui est sinistre. J'aime autant pas...

Puis, par une de ces sautes d'humeur qui lui étaient habituelles, il se mit à rire et brandissant son pinceau imprégné d'or fictif il ajouta : — Tenez, voici qui vaut mieux. Je dore un tas de bibelots autour de moi ; le soleil, quand il veut bien descendre dans cette soupente, les fait reluire et miroiter. Je me figure alors que je suis une sorte de roi Midas et je m'imagine que j'habite un palais de féerie où tout ce que je touche devient or... Cela me fait oublier que ma bourse est vide et que la maladie me taraude les membres.

— Hélas, me dis-je, après l'avoir quitté, qu'est-ce donc en effet que cet art pour qui nous souffrons les quolibets et les calomnies de la foule inepte? Voici un grand poète ; il

le sait ; il n'ignore pas non plus que ses vers
feront battre les cœurs d'une noble émotion
tant qu'il y aura quelques hommes pour
aimer la poésie. Et pourtant, il est plus las
et plus désenchanté qu'un fondateur de dy-
nastie qui se regarde vieillir en exil après
avoir conquis et perdu des empires... Ah !
l'arrière-goût cadavéreux de la gloire !...

Puis je me remémorai la douloureuse chanson de *Sagesse* où se résume la destinée de
Verlaine. Vous la rappelez-vous ?

> Je suis venu, calme orphelin,
> Riche de mes seuls yeux tranquilles,
> Vers les hommes des grandes villes —
> Ils ne m'ont pas trouvé malin.
>
> A vingt ans, un trouble nouveau,
> Sous le nom d'amoureuses flammes,
> M'a fait trouver belles les femmes —
> Elles ne m'ont pas trouvé beau.
>
> Bien que sans patrie et sans roi
> Et très brave ne l'étant guère,
> J'ai voulu mourir à la guerre —
> La mort n'a pas voulu de moi.
>
> Qu'est-ce que je fais en ce monde ?
> Suis-je né trop tôt ou trop tard ?
> O vous tous, ma peine est profonde :
> Priez pour le pauvre Gaspard...

Oui, prions pour Verlaine et pour tous les
infortunés poètes que la bêtise humaine mor-

dille, que l'hypocrisie humaine lapide, que la
méchanceté humaine écorche vifs. Dieu, qui
est miséricorde, ne leur inflige, sans doute,
qu'un bref Purgatoire : ils ont déjà tant souffert sur notre déplorable planète ! Espérons
aussi qu'une fois purifiés par les flammes
réparatrices, ils seront chargés, Là-Haut, de
tracer, avec des plumes de cygnes, des ara-
besques d'or lumineux sur les portes du Paradis...

*
* *

Verlaine, du moins, parvint à la cinquantaine avec l'assurance que ses vers étaient ac-
clamés dans le monde entier — malgré Caliban et la muflerie démocratique.

Mais que dire des poètes qui moururent
jeunes sans avoir entrevu la première aube
de la gloire ?

Ah ! qu'ils furent nombreux dès le temps
où nous nous embarquions, auréolés d'espoir,
vers les Hespérides du rêve !

> Dans la galère capitane
> Nous étions quatre-vingts... rimeurs.

C'était bien une galère où l'on ramait fort
rudement contre le fleuve de vilenies fangeu-
ses qui submergeait la littérature. Mais elle
était pavoisée de soies multicolores et les la-

nières dont la Muse impérieuse nous fouail-
lait, pour nous stimuler vers l'Idéal, étaient
incrustées de pierreries chatoyantes !

N'importe : trop des nôtres ont péri durant
le voyage.

Je l'ai dit ailleurs : « La vie de Paris, si
dure aux pauvres, en a tué quelques-uns ;
d'autres étaient marqués, dès leurs débuts,
d'un sceau de fatalité. Pressentant, sans
doute, qu'ils mourraient bientôt, ils ont dé-
pensé leur jeunesse, en prodigues, à tous les
carrefours. Ils ont brûlé, comme des torches
aux flammes mi-parties de violet et d'or
parmi les songes où ils tentaient de leurrer
leur tristesse foncière et de transfigurer une
réalité morne... »

Tel fut, entre tant d'autres, le sort d'Em-
manuel Signoret dont je tiens à vous parler
un peu.

Signoret, ce nom ne vous dit rien, n'est-ce
pas ? — Eh bien ce fut un poète qui donna les
plus beaux espoirs à sa génération.

Poète, certes, rien qu'un poète, incapable
de produire autre chose que des vers et quelques proses d'un lyrisme puissant. Il vint de
Provence à Paris, avec l'idée naïve que son
métier suffirait à le faire vivre : illusion dan-
gereuse en tout temps mais surtout à une époque de matérialisme comme la nôtre où la

poursuite d'un idéal de beauté pure apparaît au grand nombre comme la plus morbide des aberrations.

Signoret ne put s'adapter à un milieu aussi réfractaire ; sans le sol, incapable de monnayer ses rythmes ou de s'astreindre à des besognes journalistiques, il tomba dans un dénuement total.

Néanmoins, ce n'est pas tant la misère et la maladie qui l'ont tué que, comme l'a dit un de ses intimes, *le manque de gloire.*

Quelques années il se débattit, produisant des vers accomplis à un âge où la plupart des écrivains se cherchent encore. Ses émules l'appréciaient à sa valeur mais le public demeurait sourd — passait indifférent.

Il ne s'en rendit d'abord point compte. C'est que, dit son ami M. André Gide, « il était pour les choses terrestres sinon aveugle comme Homère, du moins d'une si extraordinaire myopie que la laideur ou l'infirmité du réel ne venait pas heurter la poétique vision dans laquelle il avançait en rêve. Ce que d'autres appellent inspiration, visitation de la Muse dont tels poètes sortent las et boiteux comme Jacob de sa lutte avec l'ange, c'était pour lui l'état constant, normal — à ce point qu'au contraire, ce qui l'en distrayait, les soins matériels et urgents de la vie deve-

naient pour lui des causes de maladie et de
ruine... »

Dans un article nécrologique que je lui
consacrai, je tâchai d'expliquer également
cette faculté d'abstraction qui tenait presque
du surnaturel : « Tandis qu'il traînait par
les rues son corps maladif, mal couvert de vê-
tements sordides, tandis que sa vue basse le
faisait se heurter aux passants et aux murailles, son esprit déployait joyeusement des ailes
de lumière sous les voûtes du palais d'azur
fluide où habitaient ses dieux. Des images
splendides ondoyaient autour de lui. Les villes, les campagnes, transfigurées au prisme
de son imagination, devenaient les décors où
s'embrasaient ses songes. Il les évoquait avec
complaisance, oubliant qu'il y avait souffert
de la faim.

« Ce don qu'il possédait à un degré suprême de couvrir toutes choses d'un manteau
de splendeur ne l'étonnait point. De même
qu'il lui était normal de penser et de rêver
au-dessus de la vie, de même il considérait
ses vers comme des modèles qui l'égalaient
aux plus grands. En m'envoyant un de ses
volumes, il m'écrivait : — Prends ces brûlants poèmes de ton ami si lyrique que tu sa-
lueras en lui la complète et l'exubérante sagesse, celle de la vie. La beauté vit ici. Sa

présence, en nos temps, est un fait terrible. A
nous, hommes libres, de l'acclamer.

« Certains souriront peut-être de ces phrases superbes et traiteront de folie des gran-
deurs une telle confiance dans son propre génie. Ils auront tort. Le seul fait qu'à notre
époque, grouillante de démocrates ratatinés
et de politiciens fétides, un poète se soit
haussé de la sorte jusqu'aux régions radieu-
ses de la Beauté souveraine, constitue une
sorte de miracle qu'il sied d'envisager avec
recueillement... »

Hélas, Signoret se rendit enfin compte
que, né pour être le Pindare d'un peuple de
héros, il perdait ses cris. Agonisant, il rega-
gna sa Provence et ne fit plus que végéter. Sa
veine tarissait.

« Un jour, dit encore M. André Gide, je le
vis à Cannes. Je me plaignis à lui de ce qu'il
ne produisait pas davantage. — Moi, je suis
toujours prêt, répondit-il, j'attends qu'on me
commande quelque chose... »

Il attendit en vain. Il eut un dernier sursaut. Il lança un appel déchirant dans un
poème admirable dont voici les premiers
vers :

Je ne veux pas mourir, la vie est douce et grande :
J'ai vu sur l'amandier verdir la jeune amande

15

Et les fruits du pêcher s'enfler comme des seins.
Muse vous soutenez mes plus hardis desseins :
Ma parole de feu vous l'avez enfantée
Pour qu'elle soit enfin des races écoutée...

Nul écho ne lui répondit : l'occasion de célébrer, aux applaudisements des hommes, la
noblesse cruelle de l'art ne lui fut point four-
nie. Alors il garda définitivement le silence.
Puis, par un soir de décembre, la mort vint et
l'emporta sous son aile sombre.

Il avait vingt-neuf ans.

⁂

Signoret possédait un grand talent ; encou-
ragé, tiré de l'indigence, il aurait peut-être
eu du génie. Mais que dire de ces avortés, de
ces incomplets qui, dans le même temps que
lui, clopinaient à travers la littérature ?

Que nous en vîmes qui se croyaient poètes
et qui, après avoir promené d'éditeur en éditeur d'absurdes manuscrits, finissaient par
rengaîner leurs strophes difformes et par se
noyer dans les fanges les plus opaques de la
sentine parisienne.

Toute profession a ses déchets. Mais je ne
crois pas qu'il en existe de plus lamentables
que ces invalides de l'art. Certains exerçaient

des métiers vagues : tel celui-là qui, pour se nourrir, s'était fait savetier et rapetassait des chaussures dans une échoppe fumeuse, près du square de Cluny. D'autres, en proie à une paresse incoercible, vivaient on ne sait de quoi, traînaient, guenilleux, de café en café, hantaient les cénacles pour y emprunter quarante sous à de moins pauvres qu'eux. Ils récoltaient ici un bock, là une invitation à dîner, ailleurs une culotte ou une paire de pantoufles. D'autres, enragés d'orgueil malsain, dévorés d'envie, devenaient anarchistes. Tous terminaient leur morne existence en prison ou dans les hôpitaux.

Je revois l'une de ces larves. C'était un nommé Alfred Poussin. Venu jadis à Paris pour « faire des vers », il avait été le compagnon de jeunesse de MM. Richepin, Bouchor et Ponchon.

Un petit héritage lui permit, quelque temps, de se tourner les pouces en attendant la gloire. Mais ses derniers écus fondirent vite au creuset de la fainéantise. Il avait pourtant accouché d'une plaquette de *Versiculets* qu'un ami charitable fit imprimer à ses frais. Comme cet opuscule ne révélait pas l'ombre du moindre talent, il sombra aussitôt dans l'oubli total.

Poussin n'en resta pas moins à Paris.

Qu'attendait-il ? De quoi vivait-il ? Personne n'en sut jamais rien.

C'était un grand cadavre, décharné par les jeûnes. Sa face glabre, aux pommettes proéminentes, aux petits yeux bleuâtres, ternis par l'alcool, se surmontait d'un immuable chapeau haute-forme galeux et crevassé, l'un de ces couvre-chefs que Léon Bloy nomme des « ordures cylindriques ».

Que faisait-il toute la journée ? Mystère. Où habitait-il ? Problème jamais résolu.

Mais dès cinq heures du soir, il arrivait au café Procope. Cet estaminet eut de la notoriété sous le second Empire lorsque Gambetta y hurlait aux acclamations des galope-chopine qui, depuis, s'emparèrent du pouvoir pour dévaliser la France.

Vers 1890, le Procope était tenu par un autre raté de la littérature qui, d'ailleurs, s'y ruina.

Poussin se fourrait dans un coin sombre et jusqu'à deux heures du matin s'ingurgitait de l'absinthe puis de la bière. Le patron qui, je crois, le tenait pour un génie méconnu, lui faisait crédit.

Il était fort rare qu'il desserrât les dents. Il écoutait, d'un air malveillant, un sourire sarcastique aux lèvres, quelques jeunes poètes, venus là, aux minutes de désœuvrement proclamer leurs espoirs, déclamer leurs vers. Si l'on lui adressait la parole, il ne répondait que par des grognements brefs.

J'eus parfois la curiosité de rechercher ce qui pouvait bien se passer dans l'esprit de cet homme qui depuis vingt-cinq ans ne faisait rien, ne disait rien, ne produisait rien. Je n'ai jamais pu lui tirer trois phrases de suite. Mais je soupçonne qu'il nous méprisait profondément, nous qui travaillions, qui publiions, qui conquérions peu à peu un public...

Une nuit, Poussin fut terrassé par une congestion en sortant du Procope. On le porta à l'hôpital de la Charité. Il y décéda le lendemain, plus que jamais muré dans son rogue silence.

*
* *

La Bohème n'est donc pas ce que le bourgeois pense. Celui-ci la juge d'après les pasquinades veules et menteuses d'un Mürger.

Que la réalité est différente! La Bohème, c'est une cave sans air où dépérissent et se stérilisent les poètes d'avenir comme Signoret, les poètes de génie comme Verlaine. On y souffre, on y grelotte, on y masque d'un rire désespéré les tiraillements de la faim, on y pleure quand personne ne vous regarde.

Ceux qui s'accommodent, sans révolte, d'y croupir étaient faits pour elle. Les forts la traversent, s'en échappent le plus tôt qu'ils peuvent et vont combattre au grand soleil, au soleil farouche de la vie pour Dieu et pour l'art.

S'ils meurent à la tâche, du moins, ils tombent l'arme au poing !...

CHAPITRE IX

SOUVENIRS DU BOULANGISME

Il y a peu, dans une auberge de campagne, au mur de la chambre qui m'avait été désignée, j'avisai un portrait du général Boulanger.

— Hé, dis-je à mon hôte, vous aussi, vous avez été boulangiste ?...

— Mon Dieu, oui, comme tout le monde, me répondit-il. Il considéra l'image, puis avec un haussement d'épaules énergique, il ajouta : — Cet animal, s'il avait voulu !...

— Nous n'en serions pas où nous en sommes, dis-je, en achevant la phrase.

— C'est cela même !

Il me laissa seul et je me pris à rêver sur ce singulier épisode de notre histoire contemporaine.

— C'est pourtant vrai, pensai-je, il fut un

temps où *tout le monde* était boulangiste sauf,
bien entendu, les francs-maçons, quelques
socialistes et la clique des politiciens oppor-
tunistes ou radicaux. Et il n'est pas moins
exact que si Boulanger *avait voulu*, la France
serait, sans doute, aujourd'hui débarrassée
du parlementarisme. Mais le général ne sut
pas vouloir. Il n'eut ni l'audace d'un Bonaparte ni l'esprit de décision d'un Monk. Ce
fut un romantique sentimental, un trouba-
dour à barbe blonde qui, alors que nous nous
donnions à lui, aima mieux roucouler aux
pieds d'une Marguerite tuberculeuse que de
délivrer son pays de la tyrannie jacobine.

Brave comme soldat, — il l'a prouvé en
Indo-Chine, en Italie et pendant la campagne
de 70, — il manquait de courage civil. Toute
la France lui criait : — Fais le coup de force,
renverse le régime, nous te suivrons !

Il recula, ayant trop pris au sérieux les déclamations ineptes de Victor Hugo dans
l'*Histoire d'un crime*. Peut-être aussi son
idée fixe de rester dans la légalité se doublait-
elle du sentiment de son insuffisance à remplir le rôle magnifique et redoutable qui lui
était offert.

Et puis quels pitoyables lieutenants pour
le seconder. Déroulède, Pierre Denis, Barrès,
Thiébault, deux ou trois autres mis à part,

quel ramassis d'aventuriers tarés et de pam-
phlétaires besogneux autour de lui ! Un La-
guerre, un Mermeix, un Vergoin et surtout
le juif Naquet, traître probable, selon les traditions de sa race.

Lui-même resta fort équivoque ; flattant
les républicains, caressant les royalistes pour
en obtenir des subsides, marivaudant avec les
bonapartistes, allant à Prangins sonder le
prince Jérôme, dînant chez la duchesse d'U-
zès, distribuant des poignées de mains aux
disciples de Blanqui, il usa son prestige à
louvoyer entre les partis avec l'arrière-pen-
sée de les duper au profit de son ambition.
Mais là encore, il ne put pas aller jusqu'au
bout : la seule menace d'une prison, d'où la
population parisienne l'aurait tiré dans les
vingt-quatre heures, l'effraya. Il prit la fuite,
abandonnant les siens aux vengeances des
parlementaires ; il alla ridiculement, lâche-
ment, se suicider sur la tombe de sa maîtresse. Ah ! ce ne fut pas la mort d'un Caton
ni même d'un Marc-Antoine mais celle d'un
Roméo suranné.

Ce fatalisme sans ressort, ce manque de
caractère ne désignaient point Boulanger
pour être un conducteur de peuples. Ce qu'il
faut retenir de son équipée c'est le sursaut
d'instinct vital qui jeta la France à sa suite :

à cette époque chacun sentait, plus ou moins nettement, que le parlementarisme nous était néfaste et qu'il fallait en éliminer les virus pour subsister. Tel était le désir de trouver l'homme nécessaire à cette tâche qu'on acclama, sans trop de réflexion, celui qui se présentait comme le sauveur possible. Et puis c'était un général : pour beaucoup il incarnait la revanche. Sans génie, mais doué d'un charme incontestable, il séduisit sans avoir besoin de se donner grand'peine. Les circonstances le portèrent. Le jour où elles cessèrent de le favoriser et où il lui aurait fallu, pour les dominer, montrer qu'il était digne d'arracher la patrie à la poignée d'aigrefins qui la pillent et l'épuisent, il s'effondra — plutôt que de sacrifier ses amours à la mission qu'il avait acceptée.

Et la France retomba sous le joug honteux qu'elle subit encore...

.*.

Je n'ai pas l'intention de raconter le boulangisme. D'autres l'ont fait, notamment M. Barrès dans ce beau livre : l'*Appel au soldat* où il analyse avec perspicacité l'énorme mouvement d'espérance qui porta le pays vers Boulanger.

Je veux seulement rapporter quelques aspects de cette lutte contre le régime et montrer quelles furent alors nos illusions...

J'ai vu pour la première fois Boulanger au mois d'août 1886. Je terminais mon service militaire au 12ᵉ cuirassiers en garnison à Angers.

Le général était à ce moment ministre de la guerre. Il avait été visiter le prytanée de la Flèche et, le même jour, il vint coucher dans notre ville d'où il repartit, du reste, le lendemain matin sans avoir mis le pied dans les casernes.

Mon escadron fut désigné pour lui rendre les honneurs au débarcadère et pour fournir une garde à l'hôtel où il passa la nuit.

Je dois dire que, sauf les officiers, le régiment n'avait qu'une idée très vague de sa notoriété commençante. Ce que nous savions de lui c'était qu'il avait fait repeindre les guérites en tricolore, supprimé la masse individuelle et amélioré l'ordinaire. De son action politique nous ignorions à peu près tout. Cela pour la bonne raison qu'à cette époque, le service très chargé nous absorbait complètement et que l'introduction des journaux était sévèrement interdite au quartier : mesure très bien comprise et qu'on ne fera pas mal

de rétablir le jour où Marianne pourrira aux
gémonies.

Naturellement, nos chefs ne nous commu-
niquaient pas leur opinion sur Boulanger.
Aussi notre seule préoccupation lorsque nous
nous rangeâmes dans la cour de la gare c'é-
tait de montrer au ministre de la guerre que
nous étions une troupe bien astiquée, bien
alignée, adroite à manier ses chevaux. A ce
point de vue, nous n'avions pas grand'chose
à craindre de sa critique car le service de deux
ans ne sévissant pas encore, nous formions un
régiment parfaitement entraîné sous un colonel très strict mais très juste s'attachant à
développer en nous cet esprit de corps qui
fait les bons soldats.

Il était cinq heures du soir lorsque Boulanger descendit du train. Il traversa rapidement
la place, tandis que les trompettes sonnaient
la marche, et, sans nous inspecter, monta,
suivi de ses officiers d'ordonnance et du général commandant la place, dans le landau
découvert qui l'attendait. A ce moment, je
ne fis que l'entrevoir étant placé, de par mon
grade, en serre-file du quatrième peloton.

Nous l'escortâmes au grand trot jusqu'à
l'hôtel. Descendu de voiture, il passa sur le
front de l'escadron, dit quelques mots aima-
bles à notre capitaine puis déclara qu'il ne

voulait pas de garde. Ce qui me frappa ce fut l'aménité de ses manières. Il manifestait déjà cette préoccupation de plaire qui, servie par un physique agréable, fut pour beaucoup dans sa popularité.

Mais je n'eus pas le temps de faire des remarques plus approfondies. Un commandement nous mit en colonne par quatre. Nous rentrâmes au quartier, enchantés de n'avoir pas à fournir le service supplémentaire auquel nous nous attendions.

*
* *

Rentré dans le civil, je ne revis Boulanger qu'en 1887. Je dois dire qu'à cette époque, ainsi que beaucoup d'écrivains de ma génération, je ne m'occupais guère de politique. Perché à un sixième étage de la Rive Gauche, je versifiais éperdument. Les articles que je publiais, dans des revues éphémères, traitaient surtout de poésie. Mes amis et moi nous vivions un peu comme en rêve, nous récitant nos vers, esquissant les théories de l'école littéraire qui prit, par la suite, le nom de Symbolisme, ne recherchant, dans nos courses à travers Paris, que des sensations d'ordre esthétique.

Cependant nous étions unanimes à mépri-

ser le parlementarisme. Nous trouvions gro-
tesque et humiliant que la France fût soi-disant représentée et gouvernée par des ba-
bouins d'une malhonnêteté notoire, ayant
pour préoccupation unique de se disputer
l'assiette au beurre et de gaver leur clientèle
sans souci de la dignité du pays.

Boulanger combattait ces fantoches qui le
persécutaient. Et donc, par cela seul, il nous
était sympathique. Mais nous ne prenions
point part effectivement à la bataille.

Sur ces entrefaites éclata l'affaire Wilson.
On se rappelle que cet Anglais, gendre du
vieux Grévy, trafiqua de la Légion d'honneur, commit des faux pour se tirer d'affaire
lorsqu'il fut poursuivi et néanmoins obtint un
acquittement des magistrats inféodés au régime qui furent chargés de le juger.

Le maintien de Grévy à la présidence de
la République n'en devenait pas moins impossible. Paris bouillonnait, menaçait de se soulever et réclamait la rentrée de Boulanger au
ministère.

Sur ce dernier point les parlementaires demeuraient irréductibles : ils craignaient trop
le coup de balai purificateur dont les partisans du général ne cessaient de les menacer.
Mais ils saisissaient l'urgence de quelques
concessions.

C'est pourquoi ils sommèrent Grévy de démissionner. Le vieux, qui tenait à ses gros appointements, fit d'abord la sourde oreille. Il se cramponnait à son fauteuil et feignait d'ignorer l'émeute qui grondait autour de l'Elysée.

Pour lui forcer la main, la Chambre décida de siéger en permanence jusqu'à ce qu'elle eût reçu sa démission.

Le jour même où elle prit ce parti, tout ce qu'il y avait de militants dans la ville s'assemblèrent spontanément sur la place de la Concorde pour presser sur les députés et, au besoin, envahir le Palais-Bourbon et dissoudre l'assemblée si celle-ci manquait à son devoir.

Accompagné d'un peintre de mes amis, j'étais venu là par curiosité.

C'était un jour sombre, brumeux et froid de la fin de novembre. Une foule énorme remplissait la place depuis le bas des Champs-Elysées jusqu'à la terrasse des Tuileries, depuis les parapets du quai jusqu'à la rue Royale. De nouvelles colonnes de manifestants ne cessaient de déboucher par la rue de Rivoli. Un escadron de la garde barrait le pont. Devant se tenaient quelques officiers de paix peu zélés et une douzaine d'agents mal disposés à cogner car, à cette époque, la police, en majeure partie, était boulangiste.

Il y avait de tout sur la place : entre autres des membres de la Ligue des Patriotes groupés autour de la statue de Strasbourg et qui chantaient le refrain à la mode :

Quand les pioupious d'Auvergne iront en guerre,
Pour sûr on dansera,
Le canon tonnera,
On trempera la soupe dans la grande soupière
Et pour la manger
On n'se passera pas d'Boulanger (1)...

Presque tout le monde faisait chorus. Et quand on arrêtait de chanter quelques minutes c'était pour crier sur l'air des lampions : Démission ! Démission ! ou pour entonner une autre chanson :

C'est Boulange-lange-lange,
C'est Boulanger qu'il nous faut !...

Entre temps des camelots glapissaient : — Demandez la chanson nouvelle : *Ah ! quel malheur d'avoir un gendre !*... On la vend dix centimes, deux sous.

(1) Le général avait été nommé commandant de corps d'armée à Clermont-Ferrand, après sa sortie du ministère. Il était venu secrètement à Paris pour surveiller de plus près les événements, mais, sauf ses plus fidèles, personne n'en savait rien.

Outre les patriotes, on coudoyait des socialistes menés par Fournière, Lisbonne et
Mme Séverine, des royalistes, des bonapartistes, des plébiscitaires, force badauds sans opinion politique bien déterminée mais haïssant
les parlementaires et férus de Boulanger.

Tous s'agitaient, ondulaient, mouton-
naient, déferlaient en poussées formidables
vers le pont, échangeaient gaîment des propos où le régime était jugé de la façon la plus
méprisante. Parfois des huées montaient
comme une tempête ; puis toujours revenait
la clameur :

C'est Boulange-lange-lange,
C'est Boulanger qu'il nous faut !...

Les agents écoutaient, passifs. Les cavaliers, le sabre à l'épaule, ne bougeaient pas
quand un incident se produisit.

Comme toujours, dans ces sortes de manifestations, des Apaches se mêlaient à la foule
dans l'espoir d'un désordre qui leur permet-
trait d'exercer en sécurité leur industrie. Au
bout d'un certain temps, voyant que rien ne
se déterminait, ils se mirent à lancer des pierres et des tessons de bouteilles à la troupe.
Plusieurs chevaux furent blessés et commencèrent à se cabrer et à ruer. Un garde, atteint

en pleine figure par un moellon, dégringola de sa selle.

Alors, brusquement, sans avertir, l'officier qui commandait l'escadron, voyant ses hommes s'énerver, lança la charge.

Les gardes se déployèrent en éventail sur la place et, filant au galop, sabrèrent tout ce qui se trouva sur leur passage. Il y eut une panique, un reflux de la foule vers les rues voisines. Un certain nombre de curieux qui s'étaient hissés au rebord des vasques des fontaines encadrant l'obélisque, culbutèrent dans l'eau et prirent un bain qui, vu la saison, ne leur procura guère d'agrément. Mon ami et moi nous décampions comme les autres. Nous nous étions garés de la charge sous les premiers arbres des Champs-Elysées quand nous vîmes descendre d'un omnibus Hôtel-de-Ville-Porte Maillot, un homme d'une soixantaine d'années qui portait une valise. Je me le rappelle avec sa barbe blanche et son air ahuri de ce tumulte auquel il semblait ne rien comprendre.

Juste comme il posait le pied sur le pavé, un garde passa près de lui et lui appliqua un grand coup de sabre sur la tête.

Le vieillard roula par terre en criant de toutes ses forces. A ce moment, comme les trompettes sonnaient le ralliement et que les cavaliers regagnaient le pont au trot, nous nous élançâmes pour relever le blessé. — Heureusement, il avait plus de peur que de mal, son chapeau, d'ailleurs fendu en deux, ayant amorti le choc. Néanmoins il saignait d'une coupure superficielle et il pleurait en nous disant: — J'arrive de Dijon !... Je viens voir mes enfants, rue Saint-Honoré... Je ne sais même pas ce qui se passe... Je descends de l'omnibus et je reçois un coup de sabre !...

Il y avait, en effet, de quoi se sentir un peu désemparé.

— Ah ! dis-je, vous auriez aussi bien fait de remettre votre voyage...

Nous le conduisîmes chez un pharmacien tout près de là. Une fois assurés du peu de gravité de sa blessure, nous revînmes sur la place, curieux d'apprendre comment tout cela finirait.

Or pas mal de gens avaient été sabrés, ce qui exaspérait la foule. Marchant sur le pont, elle se préparait, en vociférant : A bas la Chambre ! à forcer le passage.

D'autre part, une escouade d'agents, sortie de la rue Saint-Florentin, commençait à cogner. Les socialistes de Fournière lui tenaient tête et, refoulés contre le ministère de la Marine, tiraient des coups de revolver pour se dégager. Au milieu du tapage énorme qui

remplissait maintenant la place, les détona-
tions ne faisaient pas plus de bruit qu'un
claquement de fouet.

Mon ami et moi nous étions grisés par l'atmosphère belliqueuse, horripilés par le sang
que nous avions vu couler. Nous courions
vers le pont, prêts à prendre part au combat,
quand soudain tout s'arrêta. Un officier de
paix pérorait. Nous étions trop loin pour entendre ce qu'il disait, mais nous le vîmes in-
diquer du geste les parapets où une nuée
d'afficheurs collaient des papiers blancs.

On se précipita ; on lut : c'était enfin le
message de démission de l'antique et malpropre chicanous nommé Grévy.

Il y eut un hourra gigantesque — puis un
cri enthousiaste de : Vive Boulanger ! Ensuite, chacun s'en alla chez soi avec la conscience du devoir accompli...

C'est la première émeute à laquelle j'ai assisté... — Par la suite, je devais en voir bien
d'autres où je jouai un rôle plus... mouve-
menté.

*
* *

Je ne sais si cette échauffourée stimula les
instincts guerroyants qui sommeillaient en
moi. Mais le fait est que, de ce jour, je ne
rêvai plus que plaies et bosses. Puis je fis la

connaissance, dans le même temps, de quelques boulangistes effervescents qui me convertirent à l'amour du « brav'général » et je me mis à conspirer avec eux.

Ils habitaient, comme moi, le quartier latin. Nous y fîmes une propagande enragée parmi les étudiants, les artistes et les littérateurs : au Luxembourg, à domicile, dans les cafés, nous promenions la parole boulangiste.

Partout à peu près, nous étions bien accueillis, tandis que les rares opposants ne recueillaient que des rebuffades et parfois des horions.

A ce propos, un incident assez drolatique me revient à la mémoire.

Dans un café du boulevard Saint-Michel, nous étions installés trois à une table que flanquaient, à notre droite, des adeptes de la manille et, à notre gauche, des joueurs de dominos. Tout en procédant aux rites de leur culte, ils nous écoutaient prophétiser la déroute prochaine des parlementaires et applaudissaient à nos tirades révisionnistes.

Un bonhomme chenu, assis en face de nous, marquait, seul, du mécontentement. Il commença par grommeler des vocables tels que : dictature, réaction, République en péril... Ensuite, comme nul ne faisait cas de

ses protestations, il tira de sa poche un journal antiboulangiste, l'étala devant lui et en-
tama, d'une voix perçante, la lecture d'un
article où Joseph Reinach avait le toupet
d'invoquer contre le général « les lois, les
justes lois ».

D'abord, on se contenta de le blaguer à la
sourdine. Puis, comme notre adversaire
haussait de plus en plus le ton, nos voisins
de gauche se mirent à taper les dominos sur
le marbre de la table pour couvrir son faus-
set.

Une querelle s'ensuivit. L'admirateur de
la prose hébraïque nous traita « d'esclaves
attachés à la queue du cheval noir de Boulanger ». On lui rit au nez. Puis, comme il s'en-
têtait à reprendre la déclamation de l'article,
toute l'assistance le hua. Lui, gesticulait,
brandissait son journal comme un drapeau et
ne cessait de nous cracher des injures.

Enfin le gérant — zélé boulangiste — lui
fit remarquer qu'il avait tout le monde contre
lui et le pria de se taire. Vaine objurgation,
il n'en cria que plus fort.

Il fallut l'expulser. Au garçon qui le poussait vers la porte, il décocha l'épithète de
« suppôt du militarisme ».

Une fois dehors, il voulut prendre à témoins de notre intolérance, les consomma-

teurs de la terrasse. Mais ceux-ci ne lui répondirent que par le cri réitéré de : Vive Boulanger ! Alors il s'éloigna, toujours vociférant, tâchant, sans succès, de recruter quelque approbateur parmi les passants qui s'écartaient de lui avec précipitation ou le lardaient d'épigrammes.

Ah ! c'est qu'à cette époque, il n'y avait guère d'endroit, à Paris, où l'on pût manifester impunément de l'opposition à Boulanger...

*
* *

Ce fut vers la fin de décembre que je fus présenté au général par un de ses secrétaires. Il habitait alors rue Dumont-d'Urville. Ce n'était pas facile de l'aborder car, dès l'aube, un flot d'admirateurs et de solliciteurs stationnaient sur les trottoirs, devant la maison, envahissaient l'escalier, s'entassaient dans l'antichambre. Et quels propos brûlants ils échangeaient : actes de foi dans le génie de Boulanger, espoirs de revanche, malédictions contre le régime. Les murs en vibraient. Et il aurait fallu que le général fût plus qu'un homme pour ne pas s'enivrer aux effluves de cette délirante popularité.

Après trois heures d'attente, je fus admis

dans son cabinet de travail. Il se tenait debout contre la paroi du fond. Il était vêtu
d'une redingote noire, boutonnée, et d'un
pantalon bleu foncé. Au col, une cravate
mauve à dessins rouges d'assez mauvais
goût. Assis derrière un bureau couvert de
journaux, de brochures et de lithographies
boulangistes, le comte Dillon écrivait sans
s'occuper des allants et venants.

Mon introducteur me nomma et me donna
comme délégué par la jeunesse des Écoles.
Ce n'était pas tout à fait vrai, car je n'avais
nul mandat des étudiants pour prendre la
parole en leur nom. Cependant, je pouvais,
sans mentir, affirmer que j'apportais les
vœux d'un grand nombre de jeunes gens de
la Rive Gauche.

Le général me serra la main. Tandis que
je lui disais qu'il pouvait compter sur nous
pour le suivre — *jusqu'au bout* — il fixait
sur moi ses yeux bleus et paraissait m'écouter avec attention. Je remarquai l'extrême
douceur de son regard. Comme je l'ai déjà dit,
Boulanger avait un grand charme d'accueil
et il possédait un don tout spécial pour attirer
et retenir les dévouements.

Il me répondit par quelques phrases de
courtoisie, puis me certifia que bientôt nous
renverserions les parlementaires. Enfin, il

m'exhorta à poursuivre la propagande sans
défaillance.

Tout cela fut dit très simplement, mais
avec une force de persuasion qui acheva de
me conquérir.

L'entrevue ne dura que quelques minutes,
car plus de trois cents séides attendaient avec
impatience leur tour d'être reçus. Après que
le général m'eut serré de nouveau la main en
me répétant : — Bon courage, nous vain-
crons, je pris congé, plus que jamais décidé
à servir le boulangisme par la parole, par la
plume et, au besoin, par la trique.

***

La période électorale s'ouvrit. Le gouvernement sentait bien que Paris lui échap-
pait ; les parlementaires gémissaient, s'indi-
gnaient, jabotaient dans le vide, intriguaient,
cherchaient en vain l'homme à opposer au général. Tous les politiciens de quelque notoriété qui furent pressentis, se récusèrent
avec empressement, nul d'entre eux ne se
souciant d'affronter une défaite certaine.

Enfin l'on déterra un obscur franc-maçon,
nommé Jacques, distillateur de son métier et
que ni le talent ni les services rendus au régime ne désignaient pour assumer la tâche

formidable de lutter contre Boulanger. Il fallait vraiment que le ministère ne sût plus de quel bois faire flèche pour présenter aux suffrages des Parisiens une pareille médiocrité.

On pense si ce nom de Jacques suscita les brocards !

Dans les réunions, les boulangistes n'arrêtaient pas de chanter :

Frère Jacques, dormez-vous ?...

Aux orateurs, pleins d'abnégation, qui soutenaient cette candidature bouffonne, on criait : — As-tu fini de faire le Jacques ?

Rochefort, dans l'*Intransigeant,* qui était le moniteur du boulangisme et qui tirait à trois cent mille, multipliait les articles au vitriol contre nos adversaires. Jamais il ne montra plus de verve.

Je me rappelle, entre autres, un article où il raillait le texte d'une affiche gouvernementale. Composé de pleutres, incoercibles, le ministère y insinuait que si Boulanger était élu, il en résulterait la guerre avec l'Allemagne. Il faisait appel à la couardise, bien en vain d'ailleurs, car la France entière aspirait à la revanche (1), et il prédisait la défaite.

(1) Le général-revanche, c'était un des surnoms dont on désignait Boulanger.

Cette vilenie se terminait, en effet, par ces mots : *Pas de Sedan !*

Rochefort releva la phrase : — La veste que vous allez remporter, écrivit-il, vous ne voulez pas qu'elle soit en drap de Sedan ? Fort bien, nous vous l'offrirons en drap d'Elbeuf...

Cependant, au quartier, nous redoublions de zèle. Chaque jour nous amenait de nouveaux adhérents. Le courant boulangiste devenait de plus en plus irrésistible, entraînant jusqu'à d'anciens communards qui avaient fait le coup de feu contre Boulanger en 71.

De baroques personnalités se laissaient aussi séduire. Ainsi, un soir, au sortir d'une réunion, je fus abordé par un individu, porteur d'une grande barbe en acajou frisé, qui témoigna le désir de me poser quelques questions.

Je le pris à part et le priai de s'expliquer.

Mais lui, à brûle-pourpoint : — Savez-vous si Boulanger a fait fusiller Millière ?

Je ne me rappelai pas du tout qui était ce Millière ni en quelle circonstance il avait passé par les balles. J'avouai mon ignorance à mon interlocuteur.

Alors il m'expliqua que Boulanger, colonel dans l'armée versaillaise, lors de l'entrée des troupes de l'ordre à Paris, faisait partie

du corps qui avait occupé la rive gauche. Or,
le nommé Millière, membre de la Commune,
avait été arrêté rue de Vaugirard, et fusillé
sans jugement, sur les marches du Panthéon.

— Je suis disposé, conclut-il, à voter pour
le général, pourvu que je sois sûr qu'il n'a
pas pris part à l'exécution de Millière.

Je fus un peu interloqué, car je n'en savais
rien du tout. Toutefois, je pris sur moi de lui
affirmer que Boulanger déplorait les abus de
la répression qui marquèrent la défaite de la
Commune et que, par suite, il était incapable
d'y avoir trempé.

La conséquence n'était pas très rigoureuse.
Mais il était exact que j'avais lu peu aupa-
ravant une déclaration du général destinée
aux blanquistes et où il réprouvait les cruau-
tés commises durant cette guerre civile.

Mon homme m'écoutait attentivement : —
C'est que, dit-il, je fus l'ami de Millière.
Mais d'après ce que vous me rapportez, je
crois que Boulanger ne fut pour rien dans son
assassinat.

Puis il ajouta : — Je voterai donc pour
Boulanger.

Le ton dont il prononça cette phrase donnait à entendre qu'il considérait par là rendre un immense service au général.

Son air solennel, ses allures étranges

avaient piqué ma curiosité. Sous prétexte de lui fournir des documents complémentaires sur le point qui l'inquiétait, je lui demandai son nom.

Il me dit qu'il s'appelait F..., professeur libre, poète, auteur d'une *Chanson des étoiles* qui ne trouvait pas d'éditeur, il spécifia en outre qu'il était le pontife d'une secte occultiste qui se donnait pour mission de convertir le monde au manichéisme.

— Maintenant, me dit-il, que je suis sûr de la pureté de Boulanger, quand il tiendra le pouvoir, je l'irai trouver et je lui inspirerai de favoriser nos efforts.

Retenant mon envie de rire, je l'approuvai chaudement. Nous nous quittâmes et je ne l'ai pas revu depuis. Mais, il y a quelques jours, une revue occultiste me tomba sous les yeux, qui donnait le portait de F... et qui m'apprit qu'il s'était bombardé récemment évêque de l'église gnostique. Mon colloque avec cet illuminé me revint alors à la mémoire. Je le mentionne ici parce qu'il prouve combien le boulangisme s'était infiltré dans toutes les cervelles — au point que voilà un rêveur qui, escomptant le succès du général, méditait de faire de lui le propagateur de sa doctrine.

Chaque fois qu'un mouvement profond

agite un peuple, on est sûr de voir surgir de
la sorte nombre de chimériques qui se figurent volontiers qu'un décret spécial de la Providence suscita la crise pour la diffusion de
leurs systèmes plus ou moins cocasses.

*
* *

Enfin, à travers mille réunions tumul-
tueuses, manifestations dans la rue, conflits
entre boulangistes et gouvernementaux, on
arriva au dimanche de l'élection. C'était
le 27 janvier.

Ce jour-là, tout Paris en fièvre fut dehors
dès le matin. On assiégeait les sections de
vote. Les alentours des mairies étaient en-
combrés d'une cohue anxieuse où, sans se
connaître, on échangeait des pronostics et des
espérances. Fort peu de gens avouaient avoir
voté contre Boulanger. Ils étaient d'ailleurs
obligés de prendre vivement la fuite pour
échapper aux invectives et aux gourmades.

Vers six heures du soir, la foule se porta
vers le restaurant Durand. Boulanger, en-
touré de ses principaux partisans, y attendait, dans un salon du premier étage, le résultat du scrutin. Il y avait tellement de
monde sur le boulevard, sur la place de la
Madeleine et rue Royale qu'on pouvait à

peine circuler, et de nouveaux flots de boulangistes, accourus de tous les points de la ville, ne cessaient d'affluer. Tous les partis qui avaient soutenus le général fusionnaient. Une phrase courait qui résumait le sentiment unanime : — Pour sûr, il est élu ; tout à l'heure, nous le porterons à l'Elysée.

Car il ne faisait doute pour personne que le renversement immédiat du régime suivît la victoire de Boulanger.

Deux ou trois de mes amis et moi nous nous tenions près de l'entrée de Durand et nous frémissions de l'impatience d'en finir avec les parlementaires. En attendant le coup de force qui, nous en étions certains, mettrait, dans quelques heures, fin à leur pouvoir, nous guettions le balcon du premier. A mesure que de sûrs émissaires apportaient des vingt arrondissements les chiffres proclamés au dépouillement des votes, un transparent les communiquait à la foule qui les accueillait par des clameurs triomphales car, en tout lieu, Boulanger l'emportait sur son ridicule adversaire.

Dans l'intervalle, on se montrait le vieux commissaire Clément qui arpentait le trottoir en face, la figure impassible et les doigts tortillant la moustache. C'était lui qui était toujours chargé des arrestations politiques et

l'on se demandait s'il aurait l'audace de porter la main sur Boulanger quand celui-ci des-
cendrait.

Des ouvriers disaient : — Ah ! bien, s'il
touche au général, nous le mettrons en capi-
lotade.

Mais d'autres répondaient : — Non, aujourd'hui, c'est jour de fête pour la France.
Faut terminer l'affaire sans casser personne.
On l'écartera simplement et l'on le priera
d'aller se faire pendre ailleurs.

Je parvins à me glisser derrière quelques
journalistes qui abordaient Clément, et j'entendis le dialogue suivant :

— Vous avez un mandat d'arrêt contre le
général ?

— Oui, Messieurs.

— En ferez-vous usage si la foule porte le
général à l'Elysée ?

Clément hésita ; il regarda une compagnie
de la garde à pied rangée devant la Madeleine et qui semblait très peu disposée à
faire usage de ses armes contre les manifestants.

— Non, dit-il enfin, ces hommes ne me
soutiendraient pas : ils sont boulangistes
pour la plupart. Et je n'ai pas envie de me
faire écharper.

— Mais n'avez-vous pas des agents ?

— Quelques-uns, près d'ici...

Et après un silence : — Eux aussi sont boulangistes.

— Alors, qu'allez-vous faire ?

— Je verrai.

Puis, avec un peu d'irritation, il conclut : — Laissez-moi tranquille, Messieurs, je n'ai pas de compte à vous rendre.

Ainsi la police même était en désarroi, la garde acquise au général. On savait que la garnison ne jurait que par lui. Enfin le bruit courait que les ministres, pris de panique, faisaient leurs malles pour décamper en tapinois et se réfugier dans des cachettes préparées d'avance où ils espéraient se dérober au premier feu des représailles.

Donc le régime se démantibulait, croulait dans son ignominie. Toutes les chances étaient pour Boulanger.

Hélas ! il allait manquer à sa fortune.

Vers onze heures, on connut le résultat définitif : Paris avait élu le général à plus de quatre-vingt mille voix de majorité.

Aussitôt une immense clameur tonna depuis la Madeleine jusqu'à l'extrémité des boulevards : Vive Boulanger !

Et tout de suite après, le cri qui dictait son devoir au général : — A l'Elysée ! A l'Elysée !...

Dans le salon de Durand, les amis de Boulanger le pressaient d'obéir à la volonté populaire. Déroulède se montrait le plus éloquent. Mais l'élu hésitait, se dérobait, multipliait les arguties, parlait d'illégalité. Pourtant il fallait prendre un parti. Il déclara qu'il voulait s'isoler dans un cabinet adjacent pour réfléchir.

Or, dans ce cabinet, il y avait Mme de Bonnemain. Que lui dit-elle ? Sans doute quelque chose dans ce genre : — Ah ! mon Georges, si tu descends dans la rue, tu cours le risque d'attraper un mauvais coup. Si tu m'aimes, tu n'écouteras pas tous ces exaltés.

— Tu as raison, ma chérie, dût-il répondre.

O défaillance d'une âme efféminée, capable de concevoir de grands desseins, inapte à les réaliser pour le salut de son pays ! Est-ce que Bonaparte a consulté Joséphine au 18 Brumaire ? Ou plutôt est-ce que Joséphine, au lieu de l'amollir, ne le seconda pas en dupant le directeur Gohier ?

Boulanger rentra dans le salon et dit d'un ton qui ne souffrait pas de réplique que, satisfait du résultat obtenu, il refusait absolument de se prêter à une action violente contre le régime.

Alors Georges Thiébault, plein d'amertume et de prévisions sinistres, tira sa montre : — Il est minuit cinq, dit-il, depuis cinq minutes, le boulangisme est en baisse...

C'était vrai ; de ce jour le déclin de Boulanger commença ; il alla en se précipitant jusqu'au coup de revolver final.

Cependant, dehors, on trépignait, on exigeait la présence du général. Il ne se montra même pas au balcon. Puis des journalistes descendirent qui murmurèrent qu'il refusait le pouvoir offert par trois cent mille dévoués et, derrière eux, par toute la France.

Quelle désillusion nous serra le cœur ! Comment : les parlementaires étaient en déconfiture ; Paris attendait l'acte décisif qui les rejetterait au néant ; il n'y avait même plus à combattre pour emporter le pouvoir et Boulanger préférait au giron de la gloire celui de la Bonnemain ?

Pendant plus d'une heure on demeura sur place, espérant toujours quelque péripétie qui déterminerait le général à l'action. Rien ne vint que la pluie.

Alors les chants et les cris s'éteignirent ; la foule se dispersa peu à peu avec le sentiment que l'occasion manquée ne se représenterait plus...

*
* *

Bien des années ont passé depuis cet avortement d'un effort tenté par la vraie France
pour échapper à l'aberration parlementaire.
Il y eut le Panama, l'affaire Dreyfus, la per-
sécution religieuse, la cession du Congo et la
mise à plat ventre devant les exigences allemandes. Le pays, après quelques sursauts
d'indignation contre tant de hontes et de crimes, s'est toujours laissé ressaisir, garotter
et bâillonner par la Loge, les Huguenots, les
Juifs et les Métèques qui le sucent.

Sortirons-nous de cette lâche somnolence,
de cette veule soumission aux intrigues d'une
bande de jouisseurs sans scupules?

Peut-être. — Des indices de réveil se ma-
nifestent. Une jeunesse catholique et monar-
chique attaque le régime. L'action virile,
l'action joyeuse, l'action française reprend
ses droits.

Mais il faudrait un homme pour coaliser,
diriger tant de généreux dévouements. Il
faudrait un César ou un Monk.

Pour moi, je préférerais Monk.

CHAPITRE X

CHEZ LES GNOSTIQUES.

Quel grouillement de pseudo-religions autour de l'Eglise catholique ! Il y a là une foule d'esprits inquiets qui s'efforcent d'adapter ses dogmes et ses préceptes aux caprices de leur imagination ou de leur orgueil. Certains, rebutés par le matérialisme ambiant, cherchent, par des voies dangereuses, un nouvel idéal. D'autres restaurent des hérésies condamnées dès les premiers siècles du christianisme. D'autres encore, s'affiliant à la Franc-Maçonnerie, espèrent y trouver une conciliation entre les principes révolutionnaires et ceux de l'Evangile.

Je ne parle que des âmes de bonne foi, car, à côté de celles-ci, l'on rencontre de véritables possédés pour qui la Gnose constitue une arme de guerre contre l'Eglise, qu'ils haïssent et qu'ils rêvent de détruire.

Des premiers, quelques-uns demeurent an-
crés dans leurs illusions jusqu'à la fin de
leurs jours. Telle cette lady X..., duchesse
espagnole et pairesse d'Ecosse, dont la famille fut jadis alliée à une maison royale
éteinte, et qui représentait naguère en France
la théosophie d'après les enseignements de
cette illuminée baroque : la Slave Blavatsky.

Lady X... croyait que Marie Stuart s'était
réincarnée en elle. Pleine de bon sens sur
d'autres points, affable, charitable, cultivée,
du jour où cette aberration s'empara d'elle,
rien ne put l'empêcher de fonder une secte où
prédominaient les spirites. Sous l'inspiration
de la Blavatsky, elle publia ensuite une revue
l'*Aurore,* qui préconisait une rénovation religieuse et sociale basée sur le culte des
morts.

Afin de montrer quel désordre apportent
dans des intelligences, par ailleurs pondérées,
les thoéries gnostiques, je transcris quelques
passages des brochures — à peu près introu-
vables aujourd'hui — où lady X... exposa sa
doctrine.

Voici, par exemple, une révélation sur
l'origine du mal qu'elle prétend avoir reçue
simultanément de Marie Stuart et de Jeanne
d'Arc !

« Le mal est le résultat de la limitation de

l'esprit par la matière, car l'esprit est Dieu et Dieu est bon. C'est pourquoi en limitant Dieu, la matière limite le bien. S'il ne se projette dans l'être, Dieu demeure inactif, solitaire et non manifesté ; par conséquent il demeure inconnu, sans culte, sans amour et sans action. S'il crée, il se heurte à la limite. Les ténèbres de l'ombre de Dieu correspondent intensivement avec l'éclat de la lumière de Dieu... »

Ce mélange de manichéisme et de divagations montanistes n'est déjà pas mal. Mais cette fuligineuse métaphysique s'aggrave de véritables blasphèmes touchant la Vierge et même Notre-Seigneur.

Ceci : « L'homme va en avant où il recule. C'est en retrouvant la virginité qu'il devient immaculé. *L'âme étant immaculée conçoit le Christ et l'enfante...* »

De là à dire que le Christ historique n'est qu'un symbole du Christ intérieur ; de là à dire que notre âme immaculée est figurée par la Vierge Marie immaculée dans sa conception et qu'elle enfante le véritable Christ, le Christ spirituel et divin, il n'y a qu'un pas. Lady X... le franchit. Dans ses écrits, Notre-Seigneur s'évanouit, avec sa chair, avec sa personne divine, avec son humanité, dans un mythe orgueilleux et subtil. La Vierge n'est

plus qu'un symbole. L'homme devient Dieu
en produisant Dieu !

C'est le fond qu'on découvre dans les théories de toutes les sectes gnostiques. D'une
façon plus ou moins détournée, avec une audace plus ou moins formelle, elles promul-
guent cette doctrine néfaste de l'humanité
s'adorant elle-même qui se retrouve aussi
dans les enseignements secrets de la Franc-
Maçonnerie.

Suivent, chez lady X..., des considérations
stupéfiantes sur la personne du Christ : « Jésus est le même principe que celui qui est
appelé Bouddha par les Bouddhistes, Vich-
nou par les Brahmanes, Logos par les philo-
sophes grecs. Ce principe tient la place de la
seconde personne de la Trinité. Il a été choisi
pour être présenté comme un exemple de la
Divinité dans l'homme à laquelle nous pouvons tous aspirer...

« D'après cette règle de la véritable Gnose,
ce qui est impliqué dans le terme d'Incarnation est un événement dont la nature est purement spirituelle et qui est en puissance
dans tous les hommes et qui se passe perpé-
tuellement à toutes les époques, puisqu'il a
lieu dans tout homme régénéré, étant à la fois
la cause et l'effet de sa régénération. Le
Christ est en nous tous, ses frères. Il est donc

évident que nous ne devons pas confondre Notre-Seigneur avec le Seigneur, celui qui donne la vie... »

En voilà suffisamment pour démontrer jusqu'où peuvent s'égarer des esprits que ne maintient plus la foi simple et robuste telle que nous la recommande l'Eglise. Ils ont voulu raffiner sur la Révélation et ils ont abouti à ce culte du Moi qui énerve l'âme sans retour à moins qu'il ne l'affole.

*
* *

Une aberration du même genre inspire les écrits et les discours d'une prophétesse récente, une certaine Annie Besan, femme d'un pasteur anglican qui lâcha sa famille pour propager la théosophie. Je trouve dans un journal de la secte (1) la sténographie d'une de ses conférences.

Voici quelques-uns de ses dires :

« Notre société théosophique doit aller au-devant du christianisme pour l'aider à instituer de nouveau les mystères qui conduisent à l'initiation... »

Aux premiers siècles de l'Eglise, Simon, Manès, Valentin émettaient également cette

(1) *Le Théosophe*, n° du 16 août 1911.

prétention de diriger les chrétiens vers une compréhension supérieure des mystères.

Plus loin, Annie Besan affirme : « Jésus n'a pas le moins du monde racheté les péchés des hommes, mais, par ses vertus, il vivifie le principe divin de celui qui réussit à s'unir à Lui... L'union avec le Christ implique que le Christ est en nous, car seul le divin peut s'unir au divin. Voilà la véritable explication de la Rédemption : c'est la Vie du Christ agissant à l'intérieur et conduisant l'homme à la libération par le Christ qui est en lui. C'est un soleil fait pour vivifier et non pour racheter les hommes. Ainsi compris, le Christ devient un frère aîné des hommes, un maître prenant forme humaine pour éclairer l'homme et lui montrer comment il est possible à celui-ci de s'unir à sa propre divinité. De là, la raison d'être de ce que l'on appelle : la naissance du Christ en soi jusqu'à égaler la stature du Christ... »

Ces blasphèmes s'encadrent de considérations nébuleuses sur la prière et prétendent s'appuyer sur certains passages des épîtres de Saint-Paul.

Annie Besan possède, m'a-t-on dit, une grande puissance de persuasion. Je connais, du reste, une pauvre femme qui, fort bonne catholique lorsqu'elle la connut, se laissa in-

fluencer au point de se faire la propagatrice
zélée de sa doctrine dans les patronages de
jeunes filles. Elle ne se confesse plus ; elle
foule aux pieds les commandements de
l'Eglise. Et pourtant elle continue à com-
munier, aggravant de sacrilège ses égarements.

*
* *

Ainsi qu'il est logique, tous ces inventeurs
de religions s'entendent assez mal entre eux.
L'orgueil qui les tient les fait se considérer
chacun comme le dépositaire de la vérité unique. Un gnostique, qui fut patriarche de la
secte et qui, avant de mourir, reconnut ses erreurs et reçut les Sacrements, écrivait d'eux
aux derniers temps de sa vie : « Dans cette
Babel où se parlent et se confondent tous les
dialectes infernaux, s'agite un peuple désor-
donné. Ces infortunés tâtonnent dans les ténèbres, se ruent vers l'illusion avec une épouvantable facilité. La terre en est couverte. On
les trouve partout, sur tous les continents et
par delà les mers. Je les ai vus de près. Leurs
docteurs sont gonflés de fausse science et
d'orgueil. Jaloux les uns des autres, ils
se contredisent et s'excommunient. Leur
tohu-bohu serait burlesque s'il n'était redoutable. En effet, ils se glissent partout, pénè-

trent dans tous les milieux, finissent par
confondre les ténèbres avec la lumière, deviennent réfractaires à toute vérité, joignent
l'ignorance à l'entêtement et, pour s'être
trop livrés aux prestiges, ferment les yeux
aux miracles quand Dieu daigne en faire
devant eux pour les désabuser. Ne leur ap-
portez pas en témoignage les merveilles que
Dieu accomplit par ses saints, ne leur parlez
pas des fins dernières, ils vous diront, avec
une pitié méprisante, qu'ils connaissent
mieux que vous ce qui se passe dans l'au-
delà. Avec eux, les raisons échouent, les arguments vacillent, les exhortations s'évapo-
rent. »

S'il faut en croire l'auteur de ces lignes,
c'est surtout parmi les spirites que se mani-
festent cette arrogance et cet aveuglement.
Il ajoute : « Dans cette foule bariolée, il y a
des gens de bonne foi. Ils ont besoin de croire
à quelque chose de supérieur ; et comme à la
racine de leur incrédulité l'ignorance germe,
le spiritisme jaillit de cette racine. La femme
surtout s'adonne à cette religion de l'enfer.
Ses nerfs la rendent plus sensible que l'homme aux conditions qui font le *médium*... »

C'est vrai que le nombre des spirites est
considérable et va croissant chaque jour.

Mais d'autres sectes, moins nombreuses,

donnent dans des aberrations qui pour être plus ignorées, n'en sont pas moins virulentes. Par exemple les adorateurs d'Ennoïa dont les chimères valent qu'on les dénonce.

*
* *

Simon le Samaritain fut le fondateur de cette doctrine que combattit saint Pierre, comme il est rapporté aux Actes des Apôtres. Voici le système de cet hérésiarque.

Au commencement, il y avait le Feu qui se développe selon deux natures : dans sa manifestation extérieure sont renfermés les germes de la matière ; dans sa manifestation intérieure évolue le monde spirituel. Il contient donc l'absolu et le relatif : la matière et l'esprit, l'un et le multiple, Dieu et les émanations de Dieu.

Du feu primordial procèdent par couples des esprits, l'un féminin, l'autre masculin que la Gnose appelle les Eons et qui relient le monde spirituel au monde matériel. Ils composent la trame de l'esprit et la trame de la matière réalisant Dieu dans les choses, et ramenant les choses à Dieu. Et la foi qui les élève et les abaisse, les noue et les dénoue, c'est le Feu qui la détermine.

Il y a là, en somme, une sorte de panthéisme mystique dont on retrouve l'analogue dans la doctrine de Plotin.

Simon place au sommet des Eons le Père qui est Dieu et qui a pour épouse sa propre pensée sous le nom d'Ennoïa. Ennoïa, sur la terre, c'est Hélène, une prostituée que le charlatan gnostique avait rencontrée au cours de ses pérégrinations et dont il avait fait sa compagne. Ennoïa déchue de sa grandeur céleste soupire sans cesse vers le Père et lutte contre les esprits contraires qui l'ont enfermée dans un corps souillé. Elle poursuit à travers les siècles un douloureux exode de transmigrations.

Cette chute d'Ennoïa, cette décadence de la pensée dans la matière, c'est, d'après Simon, l'origine du mal.

Hélène erre donc d'âge en âge, s'incarne d'une femme dans l'autre jusqu'au moment où elle doit être rachetée. Le jour où Simon, qui se disait lui-même la grande vertu de Dieu et l'incarnation du Père, la tira d'une maison malfamée de Tyr pour en faire sa concubine, il osa lui appliquer la parabole de la brebis perdue et retrouvée et il la donna pour le point central de son système.

S'égalant au Seigneur, le Mage ajoutait qu'en même temps que Jésus avait paru en Judée, sous le nom de Fils, lui-même avait paru en Samarie sous le nom de Père et Hélène — la pensée de Dieu ou le Saint-Esprit — chez les Gentils, tous trois pour compléter la création et la rectifier.

Hélène était donc à la fois Dieu et femme. Elle devint pour les disciples de Simon la représentation du divin dans le monde plus encore que le fondateur de la secte et, avaient-ils l'audace sacrilège d'ajouter, plus que Jésus-Christ.

Comme il arrive presque toujours chez les hérétiques, cette métaphysique équivoque servit de prétexte à Simon et à Hélène pour affranchir leurs adeptes du joug de la morale. « Tout est pur aux purs », disaient-ils.

On voit où menait cette doctrine soi-disant transcendante qui se formulait d'ailleurs en deux règles essentielles : donne-toi à la science qui est la joie de l'esprit. Donne-toi à l'amour qui est la joie de la chair.

Hélène reçut un culte parmi les disciples de Simon. Certaines populations païennes au milieu desquelles elle prêcha, lui élevèrent des statues comme elles en dressèrent à Simon. Son nom se prononçait comme un mot sacré et donnait accès aux réunions des premiers gnostiques. On ne sait ni où ni comment elle mourut.

Mais les hérésies, comme ont pu le constater ceux qui se livrent à ce genre d'études, ne disparaissent jamais complètement. Celle-ci traversa les siècles et finit par se concentrer dans le culte exclusif d'Ennoïa qui compte encore aujourd'hui, notamment à Paris et à Lyon, un certain nombre d'adeptes.

Un gnostique, rencontré jadis, m'a donné quelques renseignements sur les faits et gestes de la secte. C'était lui-même un homme fort intelligent, fort lettré, mais qui annihilait ses qualités dans d'épuisantes débauches. D'une des chambres de son appartement, il avait fait un oratoire où l'on voyait un autel surmonté d'une statue d'Hélène en marbre blanc. Le plafond et les murailles étaient revêtus de tentures bleu-ciel semées d'étoiles d'or. Des vitraux de couleur ne laissaient pénétrer qu'une demi-lumière. Des ornements en stuc, d'une signification obscène, garnissaient la frise.

Là se tenaient périodiquement des réunions où l'on récitait des prières à Ennoïa. Ces oraisons parodiaient souvent les litanies de la Vierge ou les hymnes de la liturgie catholique. Le patriarche prononçait un sermon sur quelque texte gnostique. On brûlait des parfums violents. Puis la séance se terminait par une orgie sur laquelle il est inutile d'insister.

Retenons seulement que les disciples d'Ennoïa prétendent qu'elle erre toujours dans le monde sous la forme d'une femme et que quand ils l'auront découverte et intronisée, son ascendant sera tellement irrésistible qu'elle réunira tous les gnostiques, tous les spirites et tous les francs-maçons pour un assaut suprême à l'Eglise.

*
* *

Voici maintenant quelques passages gnostiques d'un rituel où le culte d'Ennoïa est exposé d'une façon plus ou moins claire.

D'abord, un aphorisme prononcé par Ennoïa elle-même, qui, prétendent les adeptes, apparaît à certains initiés :

De Ennoïa-Helena silendum est. Qui tamen invocant et adamant eam non confunduntur. Semper enim est vivens ad dandam seipsam nobis, facie ad faciem. Nam I. N. R. I.

Traduction : Il faut garder le silence au sujet d'Hélène-Ennoïa. Cependant, ceux qui l'invoquent et l'aiment passionnément ne seront point confondus. En effet, elle est toujours vivante pour se donner elle-même à nous face à face. Car c'est par le feu que la nature sera rénovée intégrale (1).

(1) Au premier chapitre de ce livre j'ai cité cette interprétation sacrilège du titre de la Croix

Voici encore une exhortation adressée aux
servants d'Ennoïa par un évêque gnostique :
« Hélène c'est Ennoïa, c'est la fille de Dieu ;
c'est la pensée de Dieu incarnée comme Jésus
fils de Dieu s'est incarné. Elle est l'Esprit
Consolateur qui va se manifester sur la terre
sous la forme d'une femme. Notre prière doit
monter à Elle comme à Dieu. Nous devons
l'aimer comme Dieu. Les Initiés la verront,
l'entendront, la toucheront, lui feront cortège. Elle se manifestera tout à coup sans
père ni mère. Elle marchera, mangera, boira,
dormira parmi nous. Elle se donnera à nous,
à l'un de nous et à tous. Il faut la désirer ;
c'est celui qui saura le mieux la désirer qui
l'aura chez lui. Néanmoins, elle se donnera à
tous ses élus par sa parole, par son sourire,
par sa présence, par sa doctrine, par ses miracles. Elle est celle qui doit venir : Notre-
Dame-le-Saint-Esprit. »

On m'excusera de faire ces citations. Cette
phraséologie blasphématoire valait d'être si-
gnalée, car elle constitue un moyen d'action
fort puissant sur certaines âmes d'éducation
catholique, surtout — j'ai eu l'occasion de le
vérifier — sur des femmes imaginatives et
névrosées..

Si les malheureuses pouvaient savoir
vers quelles ignobles sentines on cherche à

les entraîner, sous prétexte d'initiation à un idéalisme supérieur !

En tout cas, je crie casse-cou... Et ce chapitre n'a pas d'autre but.

Je citerai pour finir trois strophes d'un hymne où la belle séquence latine de saint Thomas d'Aquin est parodiée d'une façon abominable :

> *Adoro te supplex, patens Deitas*
> *Quæ in hoc sacello te manifestas !*
> *Tibi se cor meum totum subjicit*
> *Quia te contemplans totum deficit.*
>
> *Visus, tactus in te nunquam fallitur*
> *Nam aspectu tuo, late creditur,*
> *Credo quod hic adest exul angelus,*
> *Nil hoc veritatis visu verius...*
>
> *Dea quem praesentem nunc aspicio,*
> *Oro fiat illud quod tam sitio,*
> *Ut te perpetua cernens facie,*
> *Tactu sim beatus tuæ gloriæ.*

J'ai su qu'aux exercices du culte gnostique, cet hymne s'adressait à la partie féminine de l'assistance qui était censée alors symboliser Ennoïa. Partant, on devine la signification qu'il prenait. C'est pourquoi je me garderai bien de le traduire. Il suffira aux latinistes de le lire sous cet aspect pour être renseignés.

.*.
. .

N'est-il pas significatif que toutes les sectes occultistes s'acharnent de la sorte à emprunter et à déformer la liturgie de l'Eglise? N'est-il pas caractéristique également qu'en leurs réunions, elles célèbrent des sortes de messes où le Saint-Sacrifice prend parfois un sens immonde?

Ces démoniaques — conscients ou inconscients — rendent par là une sorte d'hommage à la Vérité unique qu'ils abominent et qu'ils voudraient anéantir. C'est l'un des mille moyens qu'ils emploient pour s'insinuer dans l'Eglise et pour lui voler des âmes. Ceux qui, par orgueil ou par curiosité puérile, se laissent entraîner dans ces voies ténébreuses sont perdus ou, du moins, leur salut éternel se trouve horriblement compromis.

J'ai voulu les avertir. — Puissé-je en détourner quelques-uns des pièges de la Malice qui toujours veille !...

CHAPITRE XI

Une des choses qui nous frappent le plus au cours d'un voyage dans un pays étranger où l'on parle le français, ce n'est pas seulement les mœurs et les coutumes différentes des nôtres, c'est aussi la façon dont les indigènes déforment notre langue.

Déforment ? — Le mot est peut-être excessif. Disons plutôt qu'ils donnent à des vocables très français par eux-mêmes un sens qui nous est insolite. De sorte que nous sommes parfois déroutés lorsqu'ils frappent nos oreilles ou lorsque nous les lisons dans un journal.

Encore y a-t-il des degrés. Ainsi, en Belgique, deux races se juxtaposent qui n'offrent pas beaucoup de cohésion : les Wallons, très proches de nous sous bien des rapports, les Flamands qui sont des Germains présentant de grandes affinités avec les Hollandais et les Allemands des provinces rhénanes.

Les premiers marquent de la sympathie pour la France. Les seconds ne nous aiment guère et ne se gênent pas pour nous le faire sentir.

D'ailleurs, même entre eux, ils s'entendent assez mal. Le lien administratif qui les unit demeure artificiel. Des jalousies, des rivalités d'influence, des rancunes créent des conflits entre les deux moitiés, à peu près égales comme chiffres, de la nation. Elles s'accusent réciproquement de viser à la prépondérance. Elles se vexent et se dénigrent à l'excès. Il en résulte une animosité qui va croissant depuis quelques années.

C'est au point que certains Belges rêvent de constituer deux gouvernements différents, l'un réunissant les populations wallones, l'autre, les pays de langue flamande. Ils n'auraient de commun que le même souverain et ce serait, en somme, quelque chose comme la monarchie austro-hongroise.

Un député, M. Jules Destrée, vient d'adresser au roi Albert une lettre ouverte où il préconise cette solution d'un antagonisme qui, s'il s'aggravait, pourrait mettre en question l'existence même de la Belgique.

Le problème est grave et nous intéresse directement. Car si, comme on n'en peut guère douter, l'Allemagne, en cas de conflit avec nous, se propose d'envahir la vallée de la Meuse et le Luxembourg belge, il est bon que nous soyons fixés sur les sentiments à notre égard de nos voisins du Nord.

Je crois que les Wallons feraient cause commune avec nous, bien assurés qu'ils sont que nous ne méditons pas de les annexer. Pour les Flamands, c'est beaucoup moins sûr, car leurs sympathies vont plutôt aux Teutons...

*
* *

Je me suis écarté de mon sujet. Je voudrais seulement, dans ces lignes, signaler cette « déviation » de notre langue dont je parlais plus haut.

Flânant, il y a peu, en pays wallon, j'ai pris quelques notes à ce sujet. Ce sont elles que je vais donner.

J'arrive à Liége. Dès la sortie de la gare, je vois un enfant de quatre ou cinq ans qui échappe à sa mère et va flatter les naseaux d'une haridelle de fiacre somnolente entre ses brancards.

La maman s'alarme et se précipite en

gloussant comme une poule dont le poussin s'écarte.

Mais le cocher intervenant : — I n'peut mal, savez-vous, Madame ? La bête n'est pas méchante...

Information prise, *i. n'peut mal* signifie : il n'y a pas de danger.

Et voilà déjà un belgicisme.

En voici un autre. J'entre dans une pâtisserie où des dames absorbent des éclairs au chocolat et des babas au rhum. Elles semblent prendre le plus grand plaisir à cette collation. L'une d'elles, fixant sa voisine d'un air affriandé, lui demande : — Ça goûte ?

L'autre répond : — Oui, beaucoup.

Or, *ça goûte* signifie : trouvez-vous cela bon, cela vous plaît-il ?

Voici maintenant la locution *si you plaît* (s'il vous plaît). Interrogative, elle veut dire : comment ? ou plaît-il ?

C'est encore une formule de politesse. Les garçons de restaurant ne manquent jamais de vous la servir avec les plats qu'ils vous apportent.

Je vais par les rues. Les maisons, à deux étages au maximum, se succèdent, offrant des façades de briques encadrées de pierres bleuâtres et qu'endeuillent les poussières de charbon, car nous sommes en pays minier : trente houillères entourent Liége, poussant leurs galeries sous la ville.

Beaucoup de ces maisons offrent à une fenêtre du rez-de-chaussée, cet écriteau mystérieux : *quartier à louer*. Même, à une devanture de boucherie, je lis avec horreur cette inscription : *quartier de demoiselle !*

Quoi donc, les Liégeois seraient-ils anthropophages ? Ce boucher débite-t-il, au lieu de mouton ou de bœuf, des jeunes filles coupées en morceaux ?

Rassurez-vous. Un quartier, en dialecte belge, c'est un appartement. Un quartier de demoiselle, cela signifie simplement que dans cette maison, l'on ne se soucie pas de louer aux représentants du sexe mâle.

Cet emploi du mot quartier donne lieu à d'autres quiproquos non moins amusants.

J'ouvre un journal ; mes regards tombent sur les annonces et je lis ceci : *Forte fille demande quartier.*

Que lui arrive-t-il donc à cette gaillarde vigoureuse ? De quel péril se trouve-t-elle menacée pour implorer ainsi la pitié ?

Or voici la traduction française de cette phrase émouvante : une femme de ménage robuste demande à être employée à la journée.

Une autre annonce : *On demande une fille de quartier sérieuse.* J'imagine que ceci doit être rédigé par des gens austères qui n'admettent pas que leur bonne ait le sourire. Les postulantes sont averties : si elles possèdent un caractère jovial, inutile de se présenter...

Plus loin : *à louer quartier de toute utilité pour personnes honorables et tranquilles.*

Cela, c'est l'annonce psychologique. Et quelle admirable netteté dans cette phrase ! En effet, elle signifie : si vous êtes des galvaudeux, des bohèmes tapageurs et désordonnés, ce n'est pas la peine de solliciter un abri sous notre toit paisible. Au contraire, si vous êtes des gens respectables, douillets, amis des pantoufles feutrées et des capitons, accourez : il vous sera on ne peut plus profitable d'habiter chez nous.

C'est le cas de s'écrier avec M. Jourdain :
— Quoi, tant de choses en si peu de mots ?

Mon Dieu oui, le belge a de ces ressources.

*
* *

Mais les annonces contiennent bien d'autres propos obscurs. En voici une où l'on demande une *demi-gouvernante.*

Qu'est-ce que cela peut bien être qu'une *demi-gouvernante?*

Eh bien, il paraît qu'il s'agit d'une bonne, munie de quelque instruction et de quelque éducation, qui puisse, à la fois, épousseter les meubles, laver la vaisselle, mener les enfants à la promenade, leur apprendre les belles manières et leur faire répéter leurs leçons.

D'autres annonces détournent complètement le sens des mots.

Voici des commerces à *remettre*, c'est-à-dire à céder.

Voici, à vendre ou à louer, une prairie *arborée,* c'est-à-dire plantée d'arbres. En France, nous nous contentons d'arborer un drapeau ou, par métaphore, une opinion. En Belgique, on arbore un verger. Mais cela ne signifie pas la même chose.

Explorant la ville, je note au passage quelques enseignes. Celle-ci : *l'épouse Une Telle, négociante.*

Pourquoi pas? Ce féminin ne présente, après tout, rien de choquant, bien qu'il soit inusité chez nous.

Autre enseigne : *Verdures à l'étuvée.*

J'hésite, je regarde l'étalage et j'y vois des mottes d'épinards en pyramides et, dans des jattes, des haricots gonflés par l'eau bouillante.

Très bien : il s'agit de légumes cuits.

Plus loin : *Un Tel, chausseur*.

Or c'est un magasin de cordonnerie. Mais voyez l'avantage de cette brève indication. Le brave homme qui tient cette boutique a réalisé une sérieuse économie. Car, évidemment, le peintre de lettres qui fignola son enseigne lui aurait pris d'avantage d'argent pour tracer, au-dessus des croquenots alignés derrière la vitrine, cette inscription : *commerce de chaussures* ou tout autre analogue...

Je pénètre dans le faubourg d'Amercœur. Soit dit en passant, je voudrais bien savoir l'origine de ce nom. Peut-être ne trouve-t-on ici que des gens lugubres, des misanthropes broyant du noir, remâchant les amertumes d'une existence déçue et sans avenir. Je n'ai pu obtenir d'éclaircissements sur ce point.

Pourtant Amercœur me paraît fort gai d'aspect. On y voit maints jardinets fleuris de roses et de géraniums. La physionomie des passants qu'on croise exprime une assez joyeuse insouciance. Les marmots, qui se trémoussent en piaillant sur le pavé, ne semblent pas prématurément dégoûtés de la vie. Ici l'on mange et l'on boit comme ailleurs. En effet, voici un estaminet où des mécani-

ciens barbouillés de suie, trinquent en échangeant des propos goguenards.

Par exemple, l'enseigne est déconcertan-
te : *Friture des artistes.*

J'entre chez un marchand de tabac ; je me
fais servir de quoi m'intoxiquer de nicotine
et je demande le prix.

— Un demi-franc et deux cennes.

A ce coup, je ne comprends pas. J'implore
la traduction de cette phrase ténébreuse et
j'apprends qu'il s'agit de payer cinquante-
quatre centimes...

Plus tard, montant l'escalier de mon logis,
j'entends la patronne de la maison crier à sa
domestique : — Séraphine, apportez-moi
vite la *loque à reloqueter.*

— Oui, Madame !...

Je me penche sur la rampe et je vois la servante se précipiter dans une chambre du premier étage en brandissant un carré de laine.
Je devine qu'une *loque à reloqueter* c'est tout
simplement un torchon...

*
* *

Comme on le voit, il n'est pas très difficile
d'apprendre le belge — du moins sous sa
forme wallone. Car, en pays flamand, le
français subit des déformations beaucoup

plus extraordinaires. Il arrive même que les Flamands mêlent à leur langue des mots français gratifiés d'une désinence germanique.

Un seul exemple. Un jour, à Bruxelles, j'entendis un homme du peuple dire à un autre : — *Komm, une fois, promeniren.*

Mais en Wallonie, les natifs mettent beaucoup de complaisance à vous renseigner sur les particularités de leur dialecte. Je le répète ; là-bas, on nous aime, et au voyageur de chez nous l'on prodigue les amabilités et les marques de courtoisie.

CHAPITRE XII

LE CHASSEUR NOIR

Les feuilles jaunissent et tombent de bonne heure cette année. Un été pluvieux, des froids précoces ont éprouvé ma chère forêt de Fontainebleau ; de sorte qu'elle revêt, dès cette fin de septembre, sa parure d'automne alors que, d'habitude, c'est seulement vers la Toussaint qu'elle s'habille de pourpre et d'or, comme pour une dernière fête, avant de s'endormir sous les givres de l'hiver.

Afin d'en savourer encore un peu la beauté défaillante, je vais par les sentiers tout bruissants de feuilles mortes, par les taillis où des baies de corail éclatent sur les houx sombres. Je gagne, à pas lents, le *Long-Rocher* : un des sites les plus grandioses de la vieille sylve.

Au bas de la colline, un groupe de bouleaux surgit qui palpite au souffle d'une brise presque insensible. Leurs troncs argentés, leurs feuillages d'or clair se dessinent délicatement sur le fond de nuances fauves et pourprées que forment au loin les chênes qui tapissent les hauteurs où commence la futaie des *Ventes à la Reine ;* frêles et plaintifs, ils chuchotent leurs adieux à la lumière puis pleurent de se résigner aux jours brumeux et froids qui viendront bientôt.

Ils semblent des jeunes filles qui songent à la mort...

Je gravis la pente méridionale de la colline, parmi des grès entassés comme les ruines d'une ville de Cyclopes. Je parcours un large plateau où les bruyères flétries couvrent le sol d'une toison roussâtre, où les rochers, à demi ensevelis, s'arrondissent, pareils à des échines de mammouths.

De ce sommet l'on découvre un paysage d'une majesté incomparable. Dix lieues de forêt s'étendent sous les regards.

Au nord, les lignes mélancoliques, enveloppées de pins bleuâtres, du *Haut-Mont* et de la *Malmontagne* se découpent sur le ciel. A l'horizon, les sommets en triangles dénudés du *Rocher d'Avon* plaquent des taches de deuil et d'ocre aride.

Dans les fonds, les hêtres et les chênes déferlent en larges vagues de feuillage, couleur de vieil or et de sang caillé. Çà et là, des fumées de charbonniers tremblent au-dessus des cimes.

Après une longue contemplation, je tourne à l'ouest ; je me glisse sous une voûte de grès au cintre surbaissé ; je débouche dans un cirque où des roches abruptes, les unes couvertes de mousses sombres, les autres âprement nues, se surplombent ou s'oppriment en un chaos formidable.

On dirait quelque avalanche des vieux âges suspendue dans sa chute par le geste d'une divinité. Puis certains rocs, qui m'investissent de toutes parts, ouvrent des gueules de chimères et de dragons. J'ai un peu l'impression d'être enfermé dans un cercle de l'enfer de Dante.

Mais le sentier remonte par une brèche pour atteindre la grande *platière* qui occupe le centre du *Long-Rocher*. Un nouvel aspect se présente au sud, par delà une plaine de fougères brunâtres.

Les massifs des *Trembleaux*, plantés d'essences multiples, déploient la magnificence des couleurs de l'automne. C'est toute la gamme des nuances du jaune et de l'orangé, depuis l'ambre jusqu'à la rouille. Par en-

droits, des feuillages de carmin tranchent à
vif sur ce fond d'opulence tandis que quelques jeunes hêtres, encore verts, scintillent
sourdement comme des émeraudes.

Vers le couchant, la hauteur des *Etroitu-
res,* avec sa pinède, apparaît, par contraste,
presque noire. Le ciel s'est couvert de nuées
gris-perle qui cendrent un peu les ors des
feuillages. Il ne reste, à la crête des collines
les plus occidentales, qu'un pan de bleu lim-
pide d'où le soleil déclinant baigne de longues clartés mourantes les arbres, les rochers
et les vapeurs immobiles. Plus un souffle
n'agite l'air.

Et le silence des fins d'après-midi dans
la forêt plane, comme un aigle de royale envergure, sur les frondaisons pleines de pé-
nombre chatoyante et de reflets atténués...

* * *

Comme je redescendais par le sentier qui
mène à la route de Fontainebleau, je vis se
dresser à ma gauche un vieux sapin qui, sous
sa pèlerine vert sombre, ressemblait à un er-
mite. Comme il bruissait mystérieusement,
je prêtai l'oreille et je crus percevoir de vagues paroles où il était question de la bêtise
humaine. Cela ne m'étonna pas trop, car je

sais que les arbres sont beaucoup plus sages que les hommes.

Je m'arrêtai. Saluant l'ancêtre morose, je lui adressai le discours suivant :

— Vieil ami, n'oublie pas que les poètes te tiennent pour un modèle de logique et de cadence. Et quoi de surprenant à cela ? Tes branches sont si merveilleusement alternées ! Tu sais aussi que le philosophe Kant eut recours à l'un de tes frères pour l'aider à construire ses syllogismes. Ce sapin s'élevait vis-à-vis de la fenêtre qui éclairait son cabinet de travail. Et Kant avait tellement l'habitude de le regarder en travaillant et d'accrocher ses méditations aux rameaux dont les vitres étaient frôlées que, privé de son sapin, il n'aurait sans doute plus réussi à coordonner les antinomies où se complaît sa doctrine.

Or il arriva que le sapin fut jeté bas et débité en bûches et en allumettes. Sa disparition mit le philosophe et sa philosophie en désarroi. Il dut interrompre ses travaux, et il tâtonna longtemps avant de renouer le fil de ses idées. Bien plus, il faillit se réfuter lui-même !

Faute d'un sapin, nous avons encouru le risque d'être privés de la *Critique de la Raison pure,* de l'*Impératif catégorique* et de tous les rhéteurs protestants qui s'emploient, avec zèle, à insuffler ces lourdes fumées dans les cervelles françaises.

Ne trouves-tu pas que c'est là une tradition glorieuse, digne d'être perpétuée dans les annales de ta famille ?...

Le sapin se balança ironiquement. Il me parut qu'un rire moqueur courait parmi ses aiguilles et qu'il me répondait : — Vous autres, hommes, vous vous figurez que vos systèmes importent à la marche du monde. Mais nous, sapins, nous en faisons aussi peu de cas que d'une graine de pissenlit emportée par le vent. Suppose que ce Kant en ait été réduit, par la mort de mon frère, à briser sa plume, crois-tu qu'un aussi minime incident aurait empêché la terre de tourner ?...

J'aurais pu objecter au conifère sceptique, que, tout de même, une doctrine philosophique a plus d'importance qu'une graine de pissenlit. Je n'en fis pourtant rien pour cette raison que je n'aime pas du tout les rêveries de Kant. Notamment, son *Impératif catégorique* me produit l'effet d'un moellon dont il est déplorable de nous alourdir l'intelligence.

Je saluai donc le sapin et, sans ajouter un mot, je repris ma promenade...

***

Je traversais les taillis qui bordent le *Rocher aux Nymphes* quand je me rappelai soudain que c'est dans cette partie de la forêt et aussi vers les pentes du *Rocher d'Avon,* la route de Moret et le carrefour du *Chêne feuillu,* qu'on signale les apparitions du Chasseur Noir.

La nuit montante, l'aspect fantastique du site me portèrent à me remémorer cette légende dont voici les détails d'après les chroniqueurs et les mémoires.

Pierre Matthieu, historien, auteur d'une *Vie d'Henri IV,* raconte ceci à la date de 1599 : « Le Roi, accompagné de quelques seigneurs, étant à la chasse vers la route de Moret et le *Rocher aux Nymphes,* entendit un grand bruit de plusieurs personnes qui donnaient du cor assez loin et les jappements des chiens et les cris des chasseurs, bien différents de l'ordinaire et éloignés de lui d'une demi-lieue. Et en un instant, tout ce tumulte se fit entendre tout près de lui.

« Sa Majesté, surprise et émue, envoya le comte de Soissons et quelques autres pour découvrir ce que c'était. Aussitôt ils entendirent ce bruit près d'eux, sans voir d'où il venait ni ce que c'était. Et tout à coup, ils

aperçurent, dans l'épaisseur de quelques
broussailles, un grand Homme Noir fort hideux qui leva la tête et leur dit : *M'entendez-
vous?* ou *Qu'attendez-vous?* ou *Amendez-*
vous, ce qu'ils ne purent distinguer étant saisis de frayeur. Et tout aussitôt après ce spectacle disparut comme une vapeur.

« Ce qui ayant été rapporté au Roi, Sa Majesté s'informa des charbonniers, bergers et
bûcherons qui sont ordinairement dans cette
forêt, s'ils avaient déjà vu de tels fantômes et
entendu de tels bruits.

« Ils répondirent qu'assez souvent il leur
apparaissait un grand homme noir, avec
l'équipage d'un chasseur et qu'on l'appelait
le Grand Veneur... »

Michelet, qui commente, d'après Matthieu, cette apparition, suppose qu'on voulut
agir sur l'imagination d'Henri IV et que ce
prestige avait été machiné pour l'incliner à la
dévotion après la mort de Gabrielle d'Es-
trées. Mais Michelet a, lui aussi, beaucoup
d'imagination.

D'ailleurs Pierre Matthieu ne donne aucune indication dans ce sens. Il se contente
d'ajouter que, le même jour, Sully, se trouvant dans son cabinet, au pavillon du Grand-
Parterre, entendit une forte et discordante
sonnerie de cor. Surpris que la chasse rentrât

si tôt, le ministre sortit précipitamment pour saluer le roi.

Mais, dehors, il n'y avait personne. Les gardes interrogés répondirent qu'ils n'avaient rien vu ni rien entendu. — Notez, au surplus, que du pavillon de Sully à l'endroit où se trouvait Henri IV, on compte une dizaine de kilomètres.

Chose singulière, Sully ne parle point, dans ses *Mémoires*, de ce dernier incident. Il dit seulement à propos de l'apparition elle-même :

« On cherche encore de quelle nature pouvait être ce prestige vu si souvent et par tant d'yeux dans la forêt de Fontainebleau. C'était un fantôme environné de chiens dont on entendait les cris et qu'on voyait de loin mais qui disparaissait lorsqu'on s'en approchait. »

Péréfixe et l'Estoile font un récit analogue à celui de Matthieu. Péréfixe ajoute : « On attribue cette vision à des jeux de sorciers ou de mauvais esprits. » Quant à l'Estoile il rapporte que le fantôme apparut au roi lui-même et que celui-ci en fut « tout froid de peur » et en demeura longtemps fort troublé.

Bongars, diplomate employé par Henri IV auprès des princes d'Allemagne, écrit, dans une de ses épîtres latines, qu'étant venu à Fontainebleau rendre compte au roi d'une de ses missions, il entendit plusieurs personnes parler de la dernière apparition du Chasseur Noir. Un piqueur qu'il interrogea lui répondit : « Ce doit être un gentilhomme qui fut assassiné du temps de François Ier et qui revient. »

Enfin la *Chronologie septenaire* raconte que le roi et les courtisans s'étaient d'abord moqués du *Chasseur Noir* comme d'une fable mais qu'ils l'aperçurent un jour distinctement dans un hallier sous la figure d'un homme d'une taille élevée et au visage ténébreux. Ils eurent si peur qu'ils s'enfuirent ; et ce fut à qui courrait le plus vite.

Sous Louis XIII, en 1628, M. Herbet a relevé, dans son *Dictionnaire de la forêt de Fontainebleau,* une apparition du Chasseur Noir à deux gentilshommes de la Cour. Cette relation fort circonstanciée est tirée d'une plaquette très rare qui se trouve à la Bibliothèque Nationale.

M. Herbet donne aussi une explication de l'apparition à Henri IV due à Hurtaut et Magny. D'après ces auteurs, il se serait agi d'attirer le roi dans un guet-apens et de l'assassiner.

Or, en 1699, le Chasseur Noir apparut de

nouveau à Louis XIV. — L'abbé Guilbert rapporte le fait dans sa *Description des château, bourg et forêt de Fontainebleau*, publiée en 1731. Mais loin d'éclaircir cette mystérieuse histoire, il la complique encore en y mêlant un artisan prophétique.

Il reproduit d'abord le récit de Matthieu puis il ajoute : « Cent ans après, Louis XIV, étant à la chasse, eut cette même vision qui l'avertit de certains faits particuliers dont il ne parla, dit-on, à personne et dont il fut très impressionné. Ces faits lui furent confirmés par un maréchal-ferrant de Salon-de-Craux en Provence, parent de Nostradamus et qui se crut chargé de révéler au Roi certaines choses qui regardaient sa conscience et qui, malgré le secret, donnèrent lieu à bien des conjectures.

« Ce qu'il y a de sûr c'est que le Roi allant à la messe, ce nouveau prophète se trouva sur son passage. M. le maréchal de Duras, qui suivait le Roi, dit alors : — Si c'est homme n'est pas fou, je ne suis pas noble.

« Le Roi, qui l'entendit, se retourna et dit : — Cet homme-là n'est pas fou. Il parle de fort bon sens et pourtant vous êtes noble.

« Voilà tout ce que j'en sais. Bien des gens ont cherché à deviner le reste. Mais c'est un secret qu a ne juge pas à propos de révéler... »

*

Pendant des années, nulle mention du Chasseur Noir. Mais voilà qu'en 1899, on se mit de nouveau à parler de lui.

Une femme Dubail habitant Veneux-Nadon, près de Moret, prétendit que son « petit gas », âgé d'une douzaine d'années, avait aperçu le fantôme, dans un taillis du *Chêne feuillu* à la tombée de la nuit.

On lui demanda comment l'enfant le dépeignait.

« Il dit, répondit-elle, que c'est un grand homme noir, habillé très collant, qu'il est à cheval et qu'il galope sans faire de bruit.

— Et vous-même, qu'en pensez-vous ?

— Il y en a qui disent que ce n'est pas un homme vivant. Mais on ne sait qui ce peut bien être... »

Diverses ramasseuses de fagots, des vagabonds occupés à cueillir des champignons ou à braconner dans la forêt, affirmèrent également avoir vu le Chasseur Noir ou entendu son cor, le soir, vers le *Rocher aux Nymphes*.

Enfin une jeune Ecossaise, en cette même année 1899, au mois de juillet, soutint qu'elle avait rencontré le fantôme. Villégiaturant à Barbizon, elle avait été rendre visite à des amis à Moret et elle regagnait son hôtel, à bicyclette, à travers la forêt, vers dix heures du soir. Elle a raconté l'apparition dans une lettre dont j'ai la traduction sous les yeux et dont voici les principaux passages :

« Croyant trouver un raccourci, j'avais quitté la grand'route avant le carrefour du *Chêne feuillu* et j'avais pris un chemin à gauche qui m'emmena vers le *Rocher d'Avon.* J'arrivai à un carrefour où se croisait sept routes et près duquel il y avait une mare. Je m'étais égarée et je ne savais plus guère comment me retrouver. J'étais d'autant plus ennuyée que le sol était formé de sable fin où les roues de la bicyclette enfonçaient plus d'à moitié. Je mis pied à terre et, la main au guidon, je cherchai à m'orienter. La pleine lune brillait maís cela ne me servait à rien car de nouveaux sentiers s'ouvraient sans cesse devant moi et je ne savais lequel prendre... »

En effet, même en plein jour, quelqu'un qui ne possède pas à fond la topographie de la forêt est à peu près certain de s'égarer s'il quitte les voies principales tant les sentiers se coupent et s'entrecroisent pour former un véritable labyrinthe. Dans l'obscurité, c'est encore pire. Bon gré mal gré, on décrit des courbes obtuses qui vous ramènent au point d'où l'on était parti.

Il semblerait que les esprits sylvestres prennent alors plaisir à faire piétiner en vain les indiscrets qui violent leur domaine.

La jeune fille s'égara donc complètement. Elle finit par déboucher dans une petite clairière où croissaient seulement quelques fougères, des genêts et de jeunes chênes épars. Des blocs de grès blanc luisaient sous la lune.

Elle continue : « Je m'étais arrêtée dans cette petite plaine. J'avais d'abord un peu peur, mais la forêt était si tranquille que je commençais à me rassurer quand, tout à coup, un cerf sortit des buissons en face de moi. En m'apercevant il fit un écart puis prit la fuite par les fourrés à ma droite et disparut.

« A ce moment, j'entendis au loin le son d'un cor de chasse et les aboiements d'une meute. Ce bruit d'abord très faible grandit rapidement et se rapprocha. Ce n'étaient pas des sonneries de chasse ; c'étaient de longues notes tristes qui me donnèrent une sorte de plaisir mélancolique. Je restai immobile, comme charmée...

« Tout à coup, je vis apparaître, dans le chemin à ma gauche, une masse mouvante

qui rasait le sol. C'était la meute. Les yeux
des chiens faisaient comme des points de feu.
Derrière eux, venait un cheval sombre qui
galopait sans bruit. Sur son dos il y avait
un être vêtu de noir qui portait un cor de
chasse brillant en bandoulière. Quand il
passa près de moi, il porta la main à sa tête
comme pour me saluer. L'ensemble de l'apparition était vaporeux et comme effacé. Les
chiens et le fantôme traversèrent la petite
plaine en silence. Ensuite ils se perdirent,
comme une fumée, dans les taillis, de l'autre
côté...

« J'étais demeurée clouée sur place, toute
tremblante. Quand je ne vis plus rien, je
me mis à courir au hasard devant moi. Et
soudain je me retrouvai sur la route de Moret,
près du *Chêne feuillu*.

« Je suis rentrée chez moi je ne sais trop
comment. J'avais été tellement effrayée que
je suis restée plusieurs jours au lit... »

*
* *

Evidemment, l'on peut mettre en doute la
réalité de l'apparition en ce qui concerne la
jeune Ecossaise. Elle était peut-être fort im-
pressionnable et douée, en outre, d'une imagination violente. La solitude de la forêt,

l'ombre, le silence, les reflets de la lune dans le brouillard qui monte souvent des fourrés par les nuits d'été ont pu agir sur elle au point de lui causer une hallucination.

Mais même si nous écartons son témoignage et celui des habitués de la forêt qui, vers cette époque, affirmèrent avoir vu le Chasseur Noir, il reste les apparitions à Henri IV et à Louis XIV. Ce dernier ne passe point pour un amateur de mystifications. Dans quel but aurait-il raconté que le fantôme lui était apparu et lui avait parlé sur des faits que lui seul connaissait ? Pourquoi aurait-il dit que le maréchal-ferrant lui avait confirmé les paroles du spectre ?

En ce qui concerne Henri IV, il est à remarquer que Sully, qui ne fut ni un esprit superstitieux ni un plaisantin, constate que beaucoup de personnes ont vu le fantôme.

Que faut-il conclure ?...

Il y a une dizaine d'années, réfléchissant à cette légende, j'eus l'idée d'aller explorer, la nuit, la région où le Chasseur Noir avait toujours apparu. Vers onze heures du soir, en juin, je gagnai, par la route de Moret, le carrefour du *Chêne feuillu* puis je me dirigeai, par un sentier que je connaissais bien, vers cette mare d'Episy auprès de laquelle la jeune Ecossaise avait rencontré le fantôme.

J'allais lentement sous les grands arbres ; je goûtais, avec ivresse, la belle nuit d'été tout odorante du parfum des flouves, des pollens et des résines. Je mirais la pleine lune couleur de miel qui répandait sa splendeur paisible sur les hautes frondaisons et dardait de fines clartés, pareilles à des flèches d'or pâle, à travers le noir treillis des branches. Les ramures formaient devant moi une suite d'arceaux où des ogives, pleines d'une fluide lumière, alternaient avec des pans d'obscurité bleuâtre. J'errais dans un cloître de rêve... Je débouchai enfin sur le creux où repose la mare. A vingt pas environ du carrefour des sept routes, elle dort dans une cuvette formée par des pentes argileuses où croît une herbe drue. Un tertre artificiel, que soutiennent quelques pierres sommairement façonnées, la surplombe et dessine un petit plateau circulaire au centre duquel s'élève un marronnier déjà vieux.

Sur le pourtour, une dizaine de pins font cercle comme pour recueillir les enseignements de ce patriarche. Sous le tertre, bâille une cavité d'où filtre une source. Et, de chaque côté du porche, deux platanes, arbres fort rares dans la forêt, ont poussé.

Je m'assis au pied du marronnier et je me mis à rêver en contemplant l'eau paisible de la mare. La pleine lune, presque au zénith, baignait de lumière le ciel sans nuages, s'étalait, en grandes nappes pâles, sur le gazon, faisait luire, comme des chevelures d'argent fin, le feuillage des arbres, et se réflétait, avec une telle intensité, dans l'onde immobile qu'on eût dit qu'un fragment de l'astre s'était laissé choir sur la terre.

La forêt reposait à l'infini dans l'enchantement du clair de lune et du silence. Pas un souffle. Il faisait si calme que j'entendais les branches se frôler avec douceur, les feuilles chuchoter en songe et une biche brouter dans le taillis tout proche...

Je rêvais ; je me récitais des passages de l'adorable féerie de Shakspeare : *le Songe d'une nuit d'été*. Je croyais voir voltiger autour de moi Titania et les fées, Puck et les sylphes.

Et j'avais tout à fait oublié que j'étais venu là pour procéder à une enquête sur le Chasseur Noir.

Quand le souvenir me revint du fantôme, je quittai à regret la place et, consciencieusement, je commençai à parcourir tous les endroits où la tradition voulait qu'il se rencontrât.

J'escaladai les pentes du *Rocher d'Avon* ; je redescendis dans la brousse ; je battis les halliers tout autour du *Rocher aux Nymphes* ; je revins sur la route de Moret que j'arpentai jusqu'à la maison de garde des Sablons.

Rien : nul son de cor ; nulle meute aux yeux flamboyants ; nul fantôme vêtu de deuil...

De guerre lasse, je rentrai à Fontainebleau, l'esprit plein d'images lunaires et sylvestres d'une poésie merveilleuse mais sans que le Chasseur Noir eût daigné se manifester.

Peut-être réserve-t-il ses apparitions aux Rois de France et aux jeunes Ecossaises...

CHAPITRE XIII

LES CATACOMBES DE PAULINE JARICOT

La ville de Lyon connaîtra peut-être bientôt la joie de voir une de ses enfants élevée sur les autels. En effet, Mgr Déchelette, auxiliaire du cardinal-archevêque, vient de se rendre à Rome pour y déposer les pièces du procès en béatification de Pauline-Marie Jaricot, créatrice du Rosaire vivant, fondatrice de l'œuvre de la Propagation de la Foi.

Ce n'est pas à mes lecteurs qu'il est nécessaire de retracer l'existence de cette servante de Dieu, choisie pour que, par son initiative, l'Évangile fût prêchée dans tout l'univers. On sait également comment le Seigneur permit que cette mission glorieuse s'accomplît parmi les souffrances physiques de l'élue et les peines intérieures les plus déchirantes. On n'ignore pas que Pauline Jaricot fut trompée, dévalisée, ruinée, couverte d'ou-

trages, abreuvée de calomnies et qu'elle
mourut dans un dénuement total. Ce sont là
des épreuves qui ne manquent jamais aux
prédestinés, afin de leur faire gagner, par
l'exercice d'une abnégation héroïque, les
trônes qu'ils doivent occuper aux pieds du
Très-Haut.

Me trouvant à Ars pour mon livre sur le
bienheureux Vianney, j'y avais lu cette brochure : *le Petit sou de la Providence,* où la
fidèle compagne de Pauline-Marie, Mlle Maurin, a résumé sa vie d'une façon fort atta-
chante. Venu, par la suite, à Lyon, j'y pris
connaissance du récit complet de ses travaux
et d'une autre publication : *le Curé d'Ars et
Pauline-Marie Jaricot,* qui m'intéressèrent
encore plus à cette admirable figure (1). Si
bien que je voulus visiter le coin de Fourvière
où la sainte fille gravit son calvaire et naquit
à la vie éternelle. Ce sont les impressions
recueillies au cours de cette visite que je vais
rapporter.

La maison s'élève un peu plus qu'à mi-
hauteur de la colline qui supporte la basilique. Elle date du XVI° siècle, m'a-t-on dit ;
elle est assez spacieuse et éclairée par un
grand nombre de fenêtres. A l'intérieur, rien

_____

(1) La première brochure a été publiée par l'éditeur
Tolra, la seconde par la librairie du Sacré-Cœur, à Lyon.

ne subsiste de la distribution des appartements telle qu'elle existait du temps de Pauline Jaricot ni du mobilier qui les garnissait.

J'ai vu la chambre où elle rendit le dernier soupir. Une tapisserie élimée en couvre les murs ; des poutres fendillées et enfumées traversent le plafond bas. Déjà presque à l'agonie, Pauline fit tirer son lit auprès de la fenêtre afin de contempler une dernière fois ce Lyon qu'elle avait tant aimé, pour qui elle s'était offerte si souvent en holocauste. La vue est splendide et d'une étendue considérable : au premier plan, au pied de la colline, la cathédrale Saint-Jean, puis la Saône, lente et limoneuse, puis un océan de toits gris, puis le Rhône entrevu par endroits et miroitant au débouché des rues qui vont vers la Guillotière. J'ai rêvé longtemps le front à la vitre où la mourante appuya peut-être son visage baigné de sueurs de la dernière minute. J'ai tâché de me mettre dans l'état d'âme qu'il fallait pour comprendre ses suprêmes pensées telles qu'elles nous sont rapportées par les témoins de sa fin ; je me suis recommandé à ses prières là-haut.

Je visitai ensuite la chapelle que Pauline-Marie dédia à sainte Philomène en reconnaissance d'un miracle de guérison spontanée

que l'angélique martyre lui obtint lors d'un
voyage en Italie.

C'est un très humble sanctuaire, mi-obscur
et de dimensions exiguës ; un petit dôme le
surmonte que des *ex-voto* garnissent de la
base au sommet. Après m'y être recueilli,
quelques minutes, devant le Saint-Sacrement, je sortis pour visiter le souterrain qui
abrita Mlle Jaricot et ses compagnes durant
l'insurrection de mars 1834.

Voici en quelles circonstances la servante
de Dieu et ses compagnes se réfugièrent dans
cette catacombe.

Les canuts de la Croix-Rousse s'étaient
soulevés à la suite d'une diminution exces-
sive des salaires. Ils occupaient la colline et
tiraient à toutes volées sur la ville. L'artil-
lerie des troupes chargées de la répression
s'alignait sur la place Bellecour et leur répondait par une pluie de projectiles. De sorte
que la maison de Mlle Jaricot, prise entre
deux feux, criblée de balles qui brisaient les
vitres et de bombes qui éclataient dans les
chambres, devint bientôt intenable. On résolut de se réfugier dans le souterrain qui
date probablement de l'époque gallo-romaine
et qui était resté sans usage jusqu'alors.

En 1834, la chapelle de Sainte-Philomène
n'était pas encore construite et la messe se

disait dans une salle aménagée à cet effet, et où le Saint Sacrement était d'habitude exposé. Mlle Jaricot était au lit, fort malade et incapable de se lever, ne fût-ce que pour parcourir les 200 mètres qui séparent la maison du souterrain. Ses compagnes voulurent l'emporter sur un matelas ; mais, au dernier moment, on n'osa se risquer dehors, tant l'orage des bombes redoublait.

Alors Pauline-Marie se fit apporter le tabernacle portatif où Notre-Seigneur veillait, caché sous le voile eucharistique. Elle le prit entre ses bras, et, voyant l'hésitation de tous, elle dit d'une voix ferme : « Allons sans crainte, puisque nous avons avec nous Jésus-Christ. »

« Après avoir allumé quelques cierges, dit Mlle Maurin, on sort, emportant le lit de douleur sur lequel repose, entre les mains de sa faible créature, Celui qui se nomme le *Dieu des armées,* et l'on parcourt ainsi très lentement toute la longueur de la terrasse, sous le croisement de la grêle de feu qui n'atteint personne... »

Laissons maintenant la parole à Pauline-Marie elle-même. Dans un mémoire écrit peu après, elle rapporte ceci : « Nous décidâmes de nous enfoncer dans les profondeurs du souterrain. On m'y traîna comme on put,

tandis que je serrais étroitement entre mes
bras l'Arche de mon unique espérance.

« Nous arrivâmes ainsi à une excavation
plus commode et moins humide que les
autres. Au milieu de ce réduit, qui forme une
croix parfaite, mon matelas fut déposé. Mes
filles, placées dans les excavations formant
les différentes parties de la croix, se trouvèrent tout près de moi, à ma droite, à ma
gauche, au-dessus de ma tête, à mes pieds.
Les personnes qui partagaient nos dangers
étaient deux domestiques de ma sœur, mon
jardinier, une pauvre petite orpheline, un
Frère de Saint-Jean de Dieu, mon boucher et
deux femmes, dont... une actrice. Tous res-
tèrent dans la première partie du souterrain,
en dehors de la croix où nous étions avec
Jésus-Christ. »

Pauline-Marie et les 17 personnes qui l'en-
touraient demeurèrent là cinq jours. Tous,
élevés au-dessus d'eux-mêmes par la présence
de Jésus et par la sérénité de la sainte fille,
vécurent dans le calme et la prière durant
tout ce temps. Nul ne se plaignit de la fatigue ni de l'insuffisance des vivres sommaires
qu'on avait emportés...

*
* *

Pénétré de ces détails émouvants, j'entrai dans le souterrain, guidé par un obligeant jardinier qui portait une lanterne.

Ce ne fut pas très commode ; il nous fallut sauter une marche en ruine au bas de laquelle nous enfonçâmes dans un amas de feuilles sèches qui nous venait jusqu'à mi-jambe. Ensuite, nous ouvrons une porte dont les gonds rouillés résistent tant qu'ils peuvent à nos tractions. Un couloir ténébreux bâille devant nous. Elevant son luminaire, mon compagnon me précède. Nos pieds buttent sur le sol inégal et rocailleux. La largeur du couloir est de 1 mètre environ ; je compte 22 pas et nous arrivons au caveau. Il a 4 mètres de longueur sur 2 m. 50 de largeur et 2 mètres environ de hauteur, et il dessine, en effet, une croix. Au centre, à la place même où Notre-Seigneur et sa fille bien-aimée gisaient sur un pauvre matelas, on a placé un petit piédestal qui supporte un crucifix. Dans une anfractuosité de la muraille, il y a un buste de la Sainte Vierge. L'emplacement du caveau, sa forme cruciale, la nature du ciment qui couvre les parois me confirment que cette catacombe avait

dû être creusée par des chrétiens au temps
de l'Eglise primitive de Lyon.

En face du caveau s'ouvre un petit réduit
haut de 1 mètre, où les plus las des réfugiés
venaient s'étendre à tour de rôle sur le sol
mouillé. Le couloir se prolonge au delà, jusque sous les fondations de la basilique de
Fourvière. Mais les eaux d'infiltration l'en-
vahissent, et il est à peu près impraticable.

Je prie quelques minutes ; puis je prends
des notes accroupi sur mes talons tandis que
le bon jardinier, patient et recueilli, m'é-
claire.

Fait notable : lorsque la colline fut prise,
aucun des insurgés ni des soldats qui les
poursuivaient ne découvrit l'entrée du souterrain. La bataille finie, les réfugiés en sortirent sains et saufs, et pas un seul d'entre
eux ne tomba malade à la suite de tant
d'heures passées dans des ténèbres humides.
Ah ! c'est qu'ils avaient eu confiance dans
Notre-Seigneur !...

Revenu à la lumière, je pris congé de mon
guide en le remerciant chaudement, et je
montai la colline vers la basilique. Il faisait
une soirée exquise ; des merles sifflaient dans
les cerisiers en fleurs ; des violettes embau-
maient dans l'herbe déjà drue de ce printemps précoce. Pas un nuage au ciel. Le

soleil déclinant vers les collines de Sainte-Foy envoyait de longues flèches d'or à travers le feuillage des arbres. Lyon, en bas, bruissait sourdement sous une fine brume mauve et rose.

Je levai les yeux vers le sommet de la colline : la statue dorée de la Vierge qui surmonte la tour de la vieille église scintillait, au soleil couchant, comme une grande étoile. Je joignis les mains et, saluant la Mère Immaculée, je lui dis : « Bonne Mère, protégez, assistez votre pauvre trimardeur, comme vous avez tant de fois protégé, assisté votre enfant Pauline-Marie... »

A la suite de cette descente aux catacombes de Fourvière, je suis allé voir Mlle Maurin. J'ai trouvé une petite femme aux yeux vifs, très alerte pour ses 85 ans, et qui m'a parlé de la fondatrice du Rosaire vivant avec un enthousiasme communicatif. J'ai retenu d'elle ce propos : « Le cardinal-archevêque dit, dans la lettre qu'il m'écrivit et qu'il voulut bien me permettre de publier en tête de ma brochure : *le Petit sou de la Providence* : « Nous aimons à espérer que le jugement infaillible de la sainte Eglise reconnaîtra dans notre Lyonnaise vaillante, humble et généreuse, une digne émule en sainteté des Bienheureux qui furent sur la terre ses amis, le curé d'Ars, la Mère Barat, le Vénérable P. Colin, et que son autorité suprême nous permettra d'unir un jour, dans la même vénération, notre Blandine, mère des martyrs, et notre Pauline-Marie, mère des missionnaires. »

« Oui, ajouta Mlle Maurin, ce sera un beau jour celui où la béatification de ma sainte amie sera proclamée : j'espère vivre assez pour le voir. Et quelle bénédiction pour Lyon que de mettre en pendant aux autels de sainte Blandine ceux de Pauline-Marie !... »

« Pour Lyon et pour la France ! » approuvai-je en prenant congé, car nous n'aurons jamais trop de saints qui nous protègent et nous éclairent dans la lutte contre le Mauvais et les sectaires endiablés qui nous oppriment.

CONCLUSION

Je feuillette les pages de ce livre et, récapitulant les aventures disparates auxquelles
ma destinée me mêla, j'adore la bonté de
Dieu. Alors que le pauvre *trimardeur* errait,
sans guide et sans but, par les chemins du
matérialisme et de la révolte, s'étourdissait de
paradoxes vénéneux, n'arrêtait de choyer sa
sensualité que pour s'effondrer, aux heures
de lassitude et de satiété, dans les ténèbres
de la désespérance, Il l'a pris par la main,
d'une façon bien inattendue, et l'a mené à
l'Eglise.

Ah ! quelle délivrance, quelle purification
et quel réconfort ! J'appris le sens surnaturel
de la vie, j'appris la règle, je compris que la
fidélité aux enseignements et aux préceptes
de la foi catholique, que la fréquentation des

sacrements pouvaient seules me préserver des
pièges tendus par le Prince de ce monde à
mon âme immortelle.

Telle est la vraie liberté. Non seulement
l'on trouve, au pied de l'autel, la paix intérieure et la force d'imposer silence aux instincts dépravants, mais encore l'intelligence,
avertie de l'esclavage où la maintenait naguère sa dévotion aux idoles de chair et de
péché, libérée des chimères qui la rivaient
aux doctrines de négation, prend une acuité
nouvelle. Les idées et les sentiments se cla-
rifient, se sanctifient ; l'esprit de sacrifice, le
zèle pour la défense de l'Eglise se dévelop-
pent ; l'amour de Dieu brûle en nous toujours
plus fervent et nous imprègne du désir de mé-
riter le maintien et l'accroissement des grâces
reçues lors de la conversion.

Certes, on n'est pas devenu un Saint; il y a
encore bien des lacunes, bien des défaillances
dans notre bonne volonté. Mais la Croix ne
cesse de briller devant les yeux de notre âme
et nous savons qu'un simple acte de foi dans
les vertus rédemptrices de Notre-Seigneur
nous rendra l'énergie nécessaire pour surmonter nos faiblesses et dompter les rébel-
lions de la nature déchue.

Ces bienfaits du catholicisme, ceux même
que l'amour-propre n'aveugla pas défini-

tivement sont obligés de les reconnaître.

Voici, par exemple, Taine, intelligence splendide que l'orgueil scientifique dirigea pendant des années. Il ne voyait rien en dehors du déterminisme ; il n'admettait pas qu'il y eût dans l'âme humaine une région dont ses théories ne pussent rendre compte. Il considérait le sentiment religieux comme une maladie de l'esprit.

Mais un jour, une crise sociale où la France faillit périr, lui montra son erreur. Ses travaux l'ayant amené à étudier le rôle séculaire de l'Eglise, autant qu'un incroyant de bonne foi pouvait le faire, il en saisit l'importance vitale et il écrivit ces phrases dont je prie qu'on médite tous les termes :

« Le christianisme, c'est l'organe spirituel, la grande paire d'ailes indispensable pour soulever l'homme au-dessus de lui-même, au-dessus de sa vie rampante et de ses horizons bornés pour le conduire, à travers la patience, la résignation et l'espérance, jusqu'à la sérénité, pour l'emporter jusqu'au dévouement et au sacrifice.

« Toujours et partout, depuis dix-huit cents ans, sitôt que ces ailes défaillent ou qu'on les casse, les mœurs publiques et privées se dégradent. En Italie, pendant la Renaissance, en Angleterre, sous la Restauration, en France, sous la Convention et le Directoire, on a vu l'homme se faire païen comme au Ier siècle. Du même coup, il se retrouvait tel qu'au temps d'Auguste et de Tibère, c'est-à-dire voluptueux et dur ; il abusait des autres et de lui-même ; l'égoïsme calculateur et brutal avait repris l'ascendant ; la cruauté et la sensualité s'étalaient ; la société devenait un coupe-gorge et un mauvais lieu.

« Quand on s'est donné ce spectacle de près, on peut évaluer l'apport du christianisme dans nos sociétés modernes, ce qu'il y introduit de pudeur, de douceur et d'humanité, ce qu'il y maintient d'honnêteté, de bonne foi et de justice. Ni la raison philosophique, ni la culture artistique et littéraire, ni même l'honneur féodal, militaire et chevaleresque, aucun code, aucune administration, aucun gouvernement ne suffisent à le suppléer dans ce service. Il n'y a que lui pour nous retenir sur notre pente natale, pour enrayer le glissement insensible par lequel, incessamment et de tout son poids originel, notre race rétrograde vers ses bas-fonds. Et le vieil Évangile est encore aujourd'hui le meilleur auxiliaire de l'instinct social (1)... »

(1) Taine : *Les Origines de la France contemporaine le Régime moderne*, tome II.

Un croyant n'eût pas écrit cette dernière phrase telle quelle ; il aurait dit : C'est dans l'Evangile inspiré qu'on trouva, qu'on trouve et qu'on trouvera l'unique sauvegarde sociale.

Mais tout de même quel loyal aveu ! Et comme il y a loin de cette déclaration d'un philosophe instruit par l'expérience à la boutade du jeune normalien tout imbu de théories matérialistes : « Le vice et la vertu sont des produits comme le sucre et le vitriol. »

C'était pourtant le même homme. Mais, dans l'intervalle, il avait acquis la notion de la vraie science, celle qui se borne à l'analyse des phénomènes et qui ne cherche pas à empiéter sur l'Eglise pour expliquer la Cause.

Que l'on compare un peu l'état d'esprit de Taine pendant les premières années qui suivirent la guerre et la Commune avec celui de tel grand homme dont les nuées issues de la Révolution obnubilaient l'intelligence. Victor Hugo, par exemple, à la même époque. Je lis ceci dans le *Journal des Goncourt* : « Hugo parle de l'Institut, de ce *Sénat dans le bleu* comme il l'appelle. Il voudrait le voir, ses cinq classes assemblées, discuter idéalement toutes les questions repoussées par la Chambre... Il termine par ces mots : — Oui, je le sais, le défaut c'est l'élection par les

membres en faisant partie. Pour que l'insti-
tution fût complète, il faudrait que l'élection
fût faite sur une liste présentée par l'Institut,
débattue par le journalisme, nommée par le
suffrage universel... « Au milieu de son
specch, une allusion à l'église de Montmar-
tre lui fait dire : — Moi, vous savez depuis
longtemps mon idée, je voudrais un *liseur*
par village, pour faire contrepoids au curé, je
voudrais un homme qui lirait, le matin, les
actes officiels, les journaux ; qui lirait, le
soir, des livres (1). »

En voilà des pauvretés ! — Voyez-vous cet
Institut, qui se recrute parmi des écrivains,
des artistes, des savants d'opinions fort diverses, sortir de ses attributions, le voyez-
vous perdre son temps à discutailler de politique et de sociologie ? Voyez-vous la *Lanterne*
et les tenanciers de ce bazar des consciences
qui s'appelle *Le Matin* chargés de discuter
les titres des candidats ? Voyez-vous les
électeurs, renseignés par les feuilles publiques — on devine comment — choisir les
Académiciens ? Le suffrage universel éprouve
un violent amour pour les nullités : nous nous
en apercevons, lorsque nous dénombrons le
personnel de la Chambre et du Sénat. Jugez

(1) *Le journal des Goncourt,* tome V, année 1873.

ce qui arriverait si on lui confiait le soin d'élire les membres de l'Institut.

Mais Hugo n'entrait pas dans ces considérations ; pour lui, le Peuple c'était une entité métaphysique ; une sorte de divinité dont il est sacrilège de discuter les caprices. N'a-t-il pas écrit dans l'*Histoire d'un Crime* : « Le Peuple est toujours sublime, même quand il se trompe » ?

Et que pensez-vous de cette préoccupation d'opposer, dans les villages, les fariboles du parlementarisme aux enseignements du curé ? Là, l'on découvre le Homais gigantesque que le poète était devenu à force de blasphèmes grandiloquents et de déclamations contre l'Eglise.

Quel est le penseur de Taine qui, à la fin de sa vie, vaincu par la force de l'évidence, reconnaissait qu'il n'y a que l'Eglise pour hausser les hommes vers un idéal supérieur, ou de Hugo qui galvaudait sa vieillesse en de basses flatteries à la foule incohérente dont les applaudissements chatouillaient son orgueil ?

Mais qu'importe à l'Eglise ? Immuable en ses dogmes, parce qu'elle sait qu'elle détient la vérité unique, elle oppose la Croix aux folies humaines. Frappée, persécutée, ensanglantée, elle prie pour ses bourreaux. Par le saint sacrifice de la Messe elle renouvelle, tous les jours, ce miracle de la Rédemption faute de quoi l'humanité tomberait au-dessous des pourceaux.

Elle est le sel qui nous empêche de pourrir. Elle est, dans notre nuit, la porte ouverte sur la Lumière éternelle. C'est pourquoi ceux qui ont appris, même tardivement, à l'aimer, la servent et la serviront, avec allégresse, jusqu'à leur dernier souffle !...

FIN

TABLE DES MATIERES

PARIS. — IMP. TEQUI, 92, RUE DE VAUGIRARD.

OUVRAGES DE Mgr DUPANLOUP

De l'Éducation. Tome I⁰. L'Éducation en général. — Tome II. De l'Autorité et du Respect dans l'éducation. — Tome III. Les Hommes d'éducation. 3 vol. in-12. Prix. 10 50

Conferences aux Femmes chrétiennes, 1 vol. in-12. Prix. . . . . 4 »

Lettres sur l'Éducation des filles et sur les études qui conviennent aux femmes dans le monde, 1 vol. in-12 . . . . 4 »

Le Catéchisme chrétien, off rt aux hommes du monde, 1 vol. in-8°. 2 50

La Femme studieuse, 1 vol. in-16, en caractères elzéviriens, encadré de vignettes . . . . 4 »

Le Mariage chrétien, 1 vol. in-16, en caractères elzéviriens, encadré de vignettes . . . . 4 »

L'Enfant, 1 vol. in-16, en caractères elzéviriens, encadré de vignettes. . . . . 4 »

De la Dévotion au Très Saint Sacrement, in-18. » 80

Vie de Mgr Borderies, évêque de Versailles (OEuvre posthume), 1 vol. in-12 . . . . 3 50

Journal intime de Mgr Dupanloup, Extraits recueillis et publiés par L. Branchereau, nouvelle édition, in-12. Prix. 3 50

Derniers jours de Mgr Dupanloup, 1 vol. in-16. 2 »

OUVRAGES DU R. P. FABER

❧

Bethléem, ou le Mystère de la sainte Enfance. 2 vol. in-12. . . . . 6 »
Le Précieux Sang, ou le Prix de notre Salut. In-12. 3 50
Conférences spirituelles. 1 vol. in-12. . . . . 3 50
La Bonté (extrait des *Conférences*). In-12 illustré. 1 »
Le Pied de la Croix, ou les Douleurs de Marie. 1 vol. in-12. . . . . 3 50
Le Saint-Sacrement, ou les œuvres et les voies de Dieu. 2 vol. in-12 . . . . 6 »
Tout pour Jésus, ou les voies faciles de l'amour divin. 1 vol. in-12 . . . . 3 »
Le Purgatoire (extrait de *Tout pour Jésus*). 1 vol. in-12 illustré . . . . 1 »
Progrès de l'Ame dans la Vie spirituelle. In-12. 3 50
Le Créateur et la Créature, ou les merveilles de l'amour divin. 1 vol. in-12 . . . . 3 50
De la Dévotion au Pape. In-12. . . . . . . 0 30

Esprit du P. Faber, supérieur de l'Oratoire de Saint-Philippe de Néri de Londres ; extraits de ses œuvres classés méthodiquement et présentant un exposé de sa doctrine ; précédé d'une introduction par Léon GAUTIER et suivi de tables analytiques de toutes les œuvres du P. FABER, par l'abbé RAMBAUD, curé du diocèse de Bordeaux. 1 vol. in-12 . . . . . . 3 50

OUVRAGES DU R. P. GRATRY

de l'Académie française

Librairie Pierre Téqui, 82, rue Bonaparte, Paris-VIᵉ

OUVRAGES DU R. P. LONGHAYE

Dix-neuvième siècle. Esquisses littéraires et morales.
5 vol. in-12 . . . . 17 50
Histoire de la Littérature française au dix-septième siècle.
4 vol. in-8° . . . . 20 »
Théorie des belles-lettres. L'âme et les choses dans la
parole, 3ᵉ édition. 1 vol. in-8° 7 50
La Prédication. Grands Maîtres et grandes lois. 1 vol.
in-8° 7 50
Henri Tricard. 1 vol. in-8°. 3 50
Léon Besnardeau. 1 vol. in-12 . . . . 2 50
Terre d'Asile (saint Thomas Becket en France). Tragédie
en 5 actes, en vers, précédés d'un prologue. 1 vol.
in-12 . . . . 0 60
Théâtre chrétien. 2 vol. in-8° . . . . 12 »

ON VEND SÉPARÉMENT :

Helvetia (4 actes).
Canossa (3 actes).
Bouvines (trilogie).
Campian (4 actes).
Jean de la Valette (5 actes).
La Confédération de Bar
(4 actes et un prologue).
Connor O'Nial (5 actes).
Les Flavius (5 actes).
Le Souper d'Auteuil.

Tragédies en vers, format in-16, 0 fr. 60 chacune.

OUVRAGES DE L'ABBÉ HENRI PERREYVE

CHANOINE HONORAIRE D'ORLÉANS, PROFESSEUR A LA SORBONNE

Biographies et Panégyriques, nouvelle édit. in-12.   3 50

Lettres du R. P. Lacordaire à des jeunes gens, recueillies et publiées par l'abbé H. PERREYVE, augmentées de lettres inédites et des approbations de NN. SS. les archevêques et évêques. 13° édit. 1 vol. in-12.   4 »

Lettres de Henri Perreyve à un ami d'enfance (1847-1865). 8° édit. 1 vol. in-12. . . . . 4 »

Lettres de l'Abbé Henri Perreyve (1850-1865). 7° édit. augmentée de plusieurs lettres, avec une lettre de Mgr l'évêque d'Orléans et le portrait de l'abbé Perreyve. 1 vol. in-12. . . . . 4 »

Méditations sur le Chemin de la Croix, 14° édit. 1 vol. in-18. . . . . 1 50

Méditations sur quelques versets de l'Evangile de saint Jean . . . . 1 »

Pensées choisies, extraites de ses œuvres et précédées d'une introduction par S. E. le cardinal PERRAUD, de l'Académie française. 3° édit. 1 50

Etudes historiques. (Œuvres posthumes.) Leçons et fragments du cours d'histoire ecclésiastique. . 3 50

Sermons. Sermons inédits. Une station à la Sorbonne. 4° édit. 1 vol. in-12. . . . . 3 50

Souvenirs de Première Communion. 1 vol. . . . 1 »

Méditations sur les saints Ordres. (Œuvres posthumes.) 2° édit. 1 vol. in-18. . . . . 1 50

Entretiens sur l'Eglise catholique, 4° éd. 2 v. in-12. 8 »

La Journée des Malades, réflexions et prières pour le temps de la maladie, avec une introduction par le R. P. Pététot. 12° édit 1 vol. in-12. . . . . 3 50

Etude sur l'Immaculée-Conception, avec un avant-propos, par S. E. le cardinal Perraud. 2° édit. 1 v. in-12. 1 »

Deux Roses et deux Noëls, avec une préface de S. G. Mgr Gauthey, évêque de Nevers. 1 vol. in-32. . 0 50

OUVRAGES DE Mgr DE SÉGUR

Aux jeunes Gens : Lettres de Mgr de Ségur à ses
Fils spirituels. 1 vol. in-12 . . . . 3 »

Lettres de Mgr de Ségur à ses Filles spirituelles.
1 vol in-12 . . . . 2 »

La Semaine sainte. Exercices et méditations.
Souvenirs d'une retraite du P. de Ravignan.
1 joli vol. in-32. . . . . 1 »

OUVRAGES DU MARQUIS DE SÉGUR

Portrait d'Ame. Henri de Lassus Saint Geniès.
1 vol. in-12 . . . . 2 »

Monseigneur de Ségur. Souvenirs et récits d'un
frère. 27e édition, 1 vol. gr. in-8°, orné de
nombreuses gravures hors texte . . . . 4 »

Les Enfants de Paris. Esquisses d'après nature.
1 vol. in-12 . . . . 2 »

Vie de M. l'abbé Bernard, vicaire général de
Cambrai. 1 vol. in-12. . . . . 3 »

Hélion de Villeneuve-Trans. 8e édit. 1 vol. in-12. 1 25

Œuvres poétiques : Sainte Cécile, La Maison,
David et Nathan, poésies diverses. 1 in-8°. 4 »

*La Bonté et les affections naturelles chez les
Saints.* 3 vol. in-12 . . . . 6 »

Chaque volume se vend séparément. . . . 3 »

Fables complètes. 1 vol. in-12. . . . . . 2 50

*Quelques mots sur la Législation en matière de
donations et de legs charitables.* 0 20

OUVRAGES DU R. P. DELAPORTE

La Revanche de Jeanne d'Arc (drame). In-12. . . . 1 50

Les trente sous de saint Vincent de Paul, idylle
dramatique . . . . 1 »

Une Page d'histoire de France, drame. In-12. . 1 »

Le Baptistère de la France, drame. In 12. . . . 1 »

Saint Louis, drame historique. . . . . . . 2 »

Patria, drame biblique en 3 actes, en vers. . . 1 »

Genovefa, trois tableaux en vers. In-12 . . . . 1 »

Loc'h Maria. In-12. . . . . 1 50

Le Monastère des Oiseaux. In-8° . . . . . . 5 »

*Du Merveilleux dans la littérature française
sous Louis XIV*. In-8° 7 50

De Historia Galliæ. In-8° . . . . 5 »

Classiques païens et chrétiens. In-12 . . . . . 2 »

*L'Immaculée Conception et la Compagnie de
Jésus*. Notes et souvenirs. Brochure in-12. . 1 20

Récits et légendes. 3 in-12 . . . . 9 »

Chaque volume des « Récits et Légendes » se vend
séparément 3 francs.

Paris. – Imp. P. Téqui, 92, rue de Vaugirard.

OUVRAGES DE JEAN CHARRUAU

BIOGRAPHIES

Mes Parents. 4ᵉ mille.............................. .... 3 »
Le P. Henri Chambellan. 3ᵉ mille...................... 3 »
Le P. Labonde. 2ᵉ mille. (Chez Libaros, Nantes.) .... 2 »
Le même Édition de luxe............................... 3 50
Ames Vaillantes. (Iʳᵉ partie.) Mrs. Fanny Pittar (autobiographie) 3ᵉ mille........ .... 2 50
Ames Vaillantes. (IIᵉ partie.) Mrs. Pittar et ses enfants.
2ᵉ mille. 2 50
Le P. de Falvelly. 2ᵉ mille............... .... 2 »

ROMANS

Frère et Sœur. 4ᵉ mille................................ 3 50
Une Famille de Brigands en 1793. 6ᵉ mille............. 3 50
Émilienne 3ᵉ mille...................... . . .. 3 50
Souvenirs d'un Vieux. (La Terreur, l'Empire, la Restauration.) 4ᵉ mille.............. .... 3 50

OUVRAGES D'ÉDUCATION

Aux Mères. (Causeries sur l'éducation.) 5ᵉ mille......... 3 »
Nos Enfants. 2ᵉ mille.................................. 3 50
Aux jeunes filles : Vers le Mariage. 5ᵉ mill·............ . 3 50
Aux Armes! Pourquoi nous sommes tentés et comment
résister aux tentations. 2ᵉ mille........................ 1 25

Paris. — Imp. P. Téqui, 92, rue de Vaugirard.